-国·际·经·济·与·贸·易·研·究·文·丛-

本书受"2018年度上海市属高校应用型本科试点专业建设项目"
(项目编号:Z30002.18.001)资助出版

U0645993

中国对外直接投资的
影响因素与区位选择研究

>>>>>> 侯文平 著 <<<<<<

厦门大学出版社
XIAMEN UNIVERSITY PRESS
国家一级出版社
全国百佳图书出版单位

图书在版编目(CIP)数据

中国对外直接投资的影响因素与区位选择研究/侯文平著. —厦门:厦门大学出版社,2019.2
(国际经济与贸易研究文丛)
ISBN 978-7-5615-7315-0

Ⅰ.①中⋯ Ⅱ.①侯⋯ Ⅲ.①对外投资—直接投资—影响因素—研究—中国 Ⅳ.①F832.6

中国版本图书馆 CIP 数据核字(2019)第 035683 号

出 版 人	郑文礼
责任编辑	吴兴友
封面设计	李嘉彬
技术编辑	朱 楷

出版发行 厦门大学出版社

社　　址	厦门市软件园二期望海路 39 号
邮政编码	361008
总 编 办	0592-2182177　0592-2181406(传真)
营销中心	0592-2184458　0592-2181365
网　　址	http://www.xmupress.com
邮　　箱	xmup@xmupress.com
印　　刷	厦门集大印刷厂

开本	889 mm×1 194 mm　1/32
印张	8
插页	1
字数	167 千字
版次	2019 年 2 月第 1 版
印次	2019 年 2 月第 1 次印刷
定价	45.00 元

本书如有印装质量问题请直接寄承印厂调换

厦门大学出版社
微信二维码

厦门大学出版社
微博二维码

摘　要

　　"引进来"和"走出去"战略对一国经济发展所产生的重大影响已被美国、日本和韩国等发达国家的成功经验所证实。自改革开放以来，为了缓解国内资金、技术等资源的匮乏，我国政府出台相关政策鼓励外商对我国进行投资，之后规模不断增长，外商资本的流入极大地推动了我国经济发展和产业结构升级。根据联合国贸发会议（UNCTAD）发布的 2015 年《世界投资报告》，2014 年中国以 1290 亿美元超过美国成为全球最大的对外直接投资（FDI）流入国。伴随着大量的外资流入以及近年中国经济和贸易的发展，中国政府 2002 年提出"走出去"战略，中国的对外直接投资开始迅速发展，2005 年之后，中国的对外直接投资更是以"蛙跳式"的速度迅猛增长。截至 2014 年年底，中国对外直接投资流量达到 1231 亿美元，与 2003 年相比增长了 42 倍多,流量连续 3 年位居世界第三。中国 1.85 万家境内投资者在国(境)外共设立对外直接投资企业 2.97 万家,对外直接投资分布在全球 186 个国家和地区。

中国的对外直接投资在"走出去"的过程中表现出了两大特征:其一是在短时间内中国的对外直接投资数量大,增长速度快;其二是尽管流量上中国的对外直接投资排名位居世界第三,但对外直接投资存量只占全球对外直接投资(OFDI)存量的 3.4%,存量上的地位,与我国在世界经济中的经济大国和贸易大国地位并不相匹配。

本书在现有研究成果的基础上,继续研究哪些因素影响了中国企业 21 世纪之后大规模的对外直接投资活动,以及哪些因素可能促进中国对外直接投资规模的进一步扩大,以促进中国企业的对外直接投资活动在未来能够顺利开展,逐步改善我国存量上规模过小的局面,促使更多的企业进行对外直接投资,服务我国经济的发展。研究影响对外直接投资的因素,对我国当前存在结构性严重过剩的经济结构具有重要的现实意义,对外直接投资有助于我国企业将过剩的产能转移到国外,对我国的去产能起到积极的推动作用。而且,我国正处在产业结构转变和升级的关键时期,企业通过对外直接投资可以在全球范围内整合资源,实现从全球低端产业链向价值更高的产业链迈进。此外,厘清影响对外直接投资的因素,也有助于明确是什么因素引致了资本的外流,以防止资本的过快、过度外流对我国经济发展造成负面影响。本书通过对我国对外直接投资的研究,以期为我国政府提出有益的政策建议。中国对外直接投资的迅速发展不仅改变了世界各国的投资格局,同时作为最大的发展中国家,中国的对外直接投资也对现有投资理论提出了挑战。因此,研究对外直接投资和区位的影响因素具有重大的理论意义和现实意义。

中国的对外直接投资不仅会受到母国自身推动作用的影响，而且会受到来自东道国的拉动作用的影响。本书从母国与东道国的角度，采用理论和实证的方法进行研究。本书的内容如下：

第一章为导论，介绍了本书的研究背景、意义、内容、思路、方法，以及主要观点、创新与不足之处。

第二章对传统的和现有的对外直接投资理论进行梳理和述评，了解已有的研究成果及对外直接投资的研究进展，为后续的研究做准备。

第三章研究了自改革开放以来中国的对外直接投资发展状况，通过历年对外直接投资数据分析了中国对外直接投资的主体是什么企业、中国对外直接投资的目的地主要在哪里，以及中国企业对外直接投资的行业主要是什么。在邓宁投资发展周期理论的基础上，本章分析了中国现阶段对外直接投资所处的阶段。

第四章分析了近年中国对外直接投资的相关制度安排，包括政府的主要政策、法律和法规，为探讨制度与对外直接投资的关系作铺垫。在对外直接投资中，中国的对外直接投资表现出极大的地区不均衡性，对外直接投资主要集中在东部省市，东部地区的对外直接投资占了所有对外直接投资当年流量的 70％以上，而中、西部省市只占不到 30％。中国作为一个从计划经济体制向市场经济体制转轨的国家，各地区的不同制度安排势必会影响其对外直接投资。通过实证研究我们发现，中国地区间的差异包括制度差异对对外直接投资存在很大的影响。

第五章以母国的视角对影响我国对外直接投资的因素从三个方面进行探讨。

首先,在第四章母国的地区环境差异对对外直接投资的影响研究的基础上,继续深入探究影响中国对外直接投资的制度因素,分析制度对对外直接投资的影响机制。制度对OFDI 不仅有直接的影响,而且有间接的调节作用。通过使用 2003—2010 年期间的省际面板数据进行实证研究,我们发现,制度对中国的对外直接投资有显著正向影响;制度和金融发展对对外直接投资的影响存在替代效应;研发投入(R&D)对中国的 OFDI 影响不显著;引入知识产权保护和研发投入(R&D)的交互项后,研发投入对中国 OFDI 的影响显著。

其次,由于我国的特殊国情,在金融领域国家一直推行金融抑制政策,金融抑制政策对我国的经济产生了深远的影响。另外,近年我国对外直接投资迅猛增长,我们探讨金融抑制是否是我国企业进行大规模对外直接投资(OFDI)的动因。实证研究结果表明,1949 年以来的金融抑制政策显著地促进了我国的对外直接投资,金融抑制政策使我国积累了大量的外汇储备,促进了我国大规模的对外直接投资,但这以我国的经济结构失衡为代价。

再次,从人口结构的视角研究其与对外直接投资可能存在的关系。我们观察到,2000 年后,一方面,中国的对外直接投资屡创新高;另一方面,中国的人口结构发生了变化,人口结构老龄化趋势逐步显现。通过利用面板数据和时间序列数据验证人口结构是否对中国对外直接投资存在影响,实证结果表明,我国少儿抚养比的下降对中国的对外直接投资没有影响,老年抚养比的上升对中国的对外直接投资有显著的促进作用。我国当前的人口结构是我国企业对外直接投资的原因之一。为提高对外直接投资的质量,政府应努力实现人力资本水平的提高,同时应当防止国内老龄化引致的劳动力成本提升过快,导致过度的资本外移。

第六章从东道国的角度对影响我国对外直接投资的区位选择因素进行探讨。全样本的实证结果得出,中国的对外直接投资受到东道国市场规模、战略资产、廉价劳动力、自然资源等因素的影响,中国的对外直接投资倾向于投资具有较大的市场规模、劳动力、战略资产和自然资源丰裕的东道国,但东道国的金融市场环境对中国对外直接投资的影响不显著。由于发达国家或地区在经济、社会和法制等方面与发展中国家或地区存在很大的差异,因此,我们把所有的样本放在一起进行研究可能会出现偏误。因此,根据世界银行的方法,按照人均收入,我们对样本进行了区分,分为发达国家或地区样本群、发展中国家或地区样本群、欠发达国家或地区样本群。对样本进行区分后,对不同的国家或地区投资,其动机不同。对发达国家或地区的投资,受科技等战略资产和发达的金融市场因素的驱动;对发展中国家或地区的投资,受市场规模和低廉的劳动力因素的驱动;对欠发达国家或地区的投资,投资动机不明显。在制度寻求上,不同类型国家或地区表现出不同的特点。

本书可能的创新之处在于:

1.现有研究从制度的视角考察中国对外直接投资的文献较多,本书继续从制度的视角进行考察,将制度作为调节变量。本书的结论有了新的发现:制度和金融发展对对外直接投资的影响存在替代效应;引入知识产权保护和研发投入的交互项后,研发投入对中国 OFDI 的影响显著。

2.与以往的研究不同,本书运用不同的计量方法考察金融抑制对中国 OFDI 的影响,得出的结论与现有研究结论相同。

3.鲜有文献关注人口结构和对外直接投资的关系,以及人口结构对对外直接投资的影响机制,通过理论分析和实证验证,本书发现中国的人口老龄化显著地影响了中国的对外直接投资,人口老龄化部分解释了中国对外直接投资的原因。

4.在从东道国的视角考察中国 OFDI 区位选择的影响因素时,与母国视角相对应,本书从制度、人口(工资)和金融市场的发达程度等角度进行分析,其中,东道国金融市场是否影响中国对外直接投资的区位战略选择,在以往的文献中没有涉及或者有涉及但研究的角度不同。本书引入东道国的金融市场发展状况进行研究,探究其发展水平是否吸引了更多的中国企业对其进行投资。本书发现,东道国发达的金融市场环境是吸引中国对其进行直接投资的原因之一。

关键词:中国;对外直接投资;东道国;制度;区位

Abstract

The strategies of "bringing in" and "going out" play important roles in developing a country's economy, which has been witnessed by the United States, Japan and South Korea successfully. Since the reform and opening up, in order to alleviate the shortage of domestic capital, technology and other resources, the Chinese government introduced relevant policies to encourage foreign companies to invest in China. Foreign capital flowing into China has greatly promoted China's economic development and upgraded the industrial structure. According to the *World Investment Report* released by the United Nations Conference on Trade and Development (UNCTAD) in 2015, the foreign capital flowing into China is up to

$129 billion which exceeds the United States and for the first time China becomes the world's largest FDI inflow country in 2014. With a large amount of foreign capital flowing into China and with the Chinese economic and trade development, after the Chinese government in 2002 put forward the "going out" strategy, China's OFDI began to develop rapidly. After 2005, China's OFDI is growing at the "leapfrog" speed. At the end of 2014, Chinese OFDI reached $123 billion, compared with 2003 which increased more than 42 times and for 3 consecutive years ranked the third in the world. There are 18.5 thousand investors who established 29.7 thousand enterprises worldwide which are located in 186 countries and regions.

China's OFDI shows two major characteristics, one of which is that the amount of China's OFDI grows speedily in a short period of time; the other is although the outflow of China's OFDI ranks the third largest in the world, the stock of OFDI accounts for only 3.4% of the global stock. China's OFDI in the world economy does not match her economic power and status in the world trade.

In this book, we study what factors drive the Chinese enterprises in the 21st century to invest abroad in a large-scale, and what factors may promote the further expansion of the scale of China's foreign direct investment so as to change our small stock situation, and promote more enterprises to "go out" and serve our economy. It's significant to study China's OFDI under the existing serious industrial structure and OFDI will help Chinese enterprises transfer excessive capacity to foreign countries and upgrade our economy. And now our country is in the critical period of industrial structure transformation and upgrading of enterprises. By integrating the global resources, enterprises may change from the global industrial chain of low-end to higher value chain. In addition, clarifying the factors influencing China's OFDI investment, we would be clear what factors cause the capital outflow and can prevent capital outflow too fast, which would have a negative impact on China's economic development. Studying China's foreign direct investment, we hope to put forward some useful suggestions for our government. The rapid development of China's foreign direct investment has not only changed the pattern of the world's investment, but also as the largest developing country, China's foreign direct investment has also challenged the existing investment theory. Therefore, it is of great theoretical and practical significance to study the determinants of foreign direct investment and location choice.

China's OFDI is not only pushed by home country but also pulled by the host country. So we analyze the determinants from the perspectives of home country and host country by adopting theoretical and empirical method. The contents of this paper are as follows:

The second chapter comments on the existing foreign direct investment theory. We review the progress of the existing research results of the foreign direct investment to prepare for the follow-up study.

The third chapter studies China's OFDI development since the reform and opening up. By using the OFDI data, we know who the main enterprises "going out" are, where China's OFDI goes out and what industry China's OFDI invests. Based on Dunning's theory of investment development cycle, this book analyzes which stage the Chinese OFDI is.

The fourth chapter analyzes the relevant institutional arrangements of China's foreign direct investment in recent years, including the main policies, laws and regulations of the government. To understand the institutions of China, we can further study the relationship between the system and the foreign direct investment.

In foreign direct investment, China's OFDI shows great regional imbalance. Foreign direct investment is mainly concentrated in the eastern provinces which accounts for more than 70% of OFDI of the year, and the central and western provinces accounts for only less than 30%. As a transitional country from planned economy to market economy, different institutional arrangements in each area will influence its foreign direct investment. We find that institutions have great influence on the OFDI differences between eastern, central and western area.

In the fifth chapter, from the perspective of home country we study the determinants affecting China's OFDI from three aspects:

Firstly, on the basis of the fourth chapter, we continue to explore the factors influencing China's OFDI from the institutional perspective. The study was conducted using provincial panel data from 2003 to 2010. The results show that the institution has significant positive effects on OFDI of China; institution not only has direct effect on OFDI of China, but also indirectly moderate the effect of financial development and R&D. Financial development has significant positive effect on OFDI, and this positive relation is less stronger with the indirectly moderate of institution. R&D has insignificant positive effect on OFDI, and this positive relation is stronger with the indirectly moderate of institution. There exist institution incentives where marketalization level is high and IPR is imperfect.

Secondly, because of the special situation of our country, the financial repression policy has been carried out and the financial repression policy has a far-reaching impact on China's economy. On the other hand, in recent years, with the rapid growth of China's foreign direct investment, we explore whether the financial repression is one of the causes of large-scale foreign direct investment (OFDI) of Chinese enterprises. Empirical results show that the financial repression, since the founding of the People's Republic of China, significantly promoted China's foreign direct investment. China accumulated large foreign exchange reserves under the financial repression policy which promoted China's massive foreign direct investment at the cost of China's economic structure imbalance.

Thirdly，we analyze China's OFDI from the perspective of population structure. After 2000，OFDI has been increasing rapidly and the population structure of China has changed a lot，i. e. elderly dependency ratio increased. We use panel data from 2003 to 2010 and time series data from 1993 to 2013 to show the relationship between the population structure and China's OFDI. The results show that children's dependency ratio has no effect on China's OFDI and elderly dependency ratio has significant effect on China's OFDI. The changing of population structure is one of the reasons for China's OFDI. To improve the quality of China's OFDI，the government should improve the level of human capital and prevent the increasing labor costs caused by the aging of the country which might result in the capital outflow.

The sixth chapter discusses the factors that influence location strategy choice of China's OFDI from the perspective of host country. Using the full samples，we find that the factors influencing China's OFDI include market size，strategic assets，cheap labor and natural resources etc. China's foreign direct investment tendency to those countries whose market size is larger，labor is cheaper，strategic assets and natural resources are more abundant. However，host country's financial market environment has no significant effect on China's OFDI. There exists great difference between the developed countries（regions）and developing countries (regions) in the economic, social and legal aspects, so it may be biased using all the samples. Therefore, according to the clarifying methods of World Bank, we distinguish the full samples which are divided into developed countries (regions), developing countries (regions) and underdeveloped countries (regions). After distinguishing the samples, we find that for the different countries (regions), China's OFDI has different motives. China's investment in developed countries (regions) is influenced by technology and other strategic assets and developed financial market. China's OFDI in developing countries (regions) is affected by market size and cheap labor. For the under developed countries (regions) investment, China's investment motive is not obvious. As for the institution seeking, different types of countries (regions) show different characteristics.

The possible innovation of this book lies in:

1. There are a lot of literatures studying China's OFDI from the institutional perspective. Institution not only has direct effect on China's OFDI but also indirectly moderate the effect of financial development and R&D. This book has new findings, financial development has significant positive effect on OFDI, and this positive relation is less stronger with the indirectly moderate of institution. R&D has no significant effect on OFDI, and has significant positive effect on OFDI with the indirectly moderate of institution.

2. This book examines the impact of financial repression on

China's OFDI by using different data and econometric methods, and the conclusion is the same as that of the existing research conclusions.

3. There are few researches which focus on the relationship between population structure and China's OFDI. By theoretical analysis and empirical test, we find that the aging of the population has significant effect on China's OFDI and population structure is one of the reasons for Chinese more foreign direct investment.

4. Investigating the determinants of China's OFDI location selection from the perspective of the host country, corresponding to the home country perspective, we make an analysis from the institution, the population (wages) and financial market development and other factors. And financial market of the host country as a pulling factor in the past literature is not involved. In this book, we introduce the host country's financial market and study whether the developed financial market attracts more Chinese OFDI. We find that the developed host country financial market environment is one of the reasons for China's direct investment.

Key Words: China; Outward Foreign Direct Investment (OFDI); Host Country; Institution; Location

目录

第一章　导论 ………………………………… 1

第一节　研究背景 …………………………… 1

第二节　研究意义 …………………………… 5

一、研究的理论意义 ………………………… 5

二、研究的现实意义 ………………………… 9

第三节　研究内容、思路与方法 …………… 10

一、研究内容 ………………………………… 10

二、研究思路与方法 ………………………… 16

第四节　主要观点、创新与不足之处 ……… 19

一、主要观点 ………………………………… 19

二、创新之处 ………………………………… 21

三、不足之处 ………………………………… 23

第二章　文献综述 …………………………… 25

第一节　对外直接投资理论文献综述 ……… 25

一、对外直接投资的微观理论 ……………… 25

二、对外直接投资的中观理论 ……………… 36

三、对外直接投资的宏观理论 ……………… 40

第二节　对外直接投资影响因素的文献综述 … 41

一、国外研究现状 …………………………… 41

二、国内研究现状 …………………………… 46

第三节　对外直接投资区位选择的文献综述 … 47

一、国外研究现状 ……………………………… 48

二、国内研究现状 ……………………………… 52

第四节　简要述评 …………………………… 54

第五节　本书的系统性研究框架 …………… 57

一、母国的经济因素和制度因素 …………… 59

二、东道国的经济因素和制度因素 ………… 59

第三章　中国对外直接投资概述 ……… 61

第一节　中国对外直接投资的现状和特点 …… 61

一、中国对外直接投资的增长速度快 ……… 64

二、中国对外直接投资的总体水平低 ……… 65

三、中国对外直接投资的行业集中 ………… 66

四、中国对外直接投资的地区集中 ………… 69

五、中国对外直接投资的进入模式以并购为主 … 69

六、对外直接投资存在着巨大的地区差异 …… 72

七、对外直接投资的主体以国有企业为主 …… 72

第二节　中国对外直接投资所处发展阶段实证
研究 …………………………………… 73

一、投资发展周期理论 ……………………… 73

二、模型设定和数据来源 …………………… 74

三、实证结果和解释 ………………………… 80

第三节　中国对外直接投资存在的问题 ……… 83

本章小结 …………………………………… 85

第四章　母国地区环境差异对中国对外直接投资的影响 …………………………… 87

第一节　中国对外直接投资的制度环境变迁 …………………… 88

一、国家对中国 OFDI 的制度安排 ………… 89

二、各部门对中国 OFDI 的管理 ………… 91

第二节　中国各地区差异对 OFDI 的影响分析 …………………… 93

一、问题背景 ………………………… 93

二、理论分析与假定 ………………… 94

三、实证模型、数据来源与处理 ………… 96

四、估计方法、实证结果分析与解释 ………… 100

本章小结 ………………………… 112

第五章　中国对外直接投资的影响因素：基于母国的视角 …………… 114

第一节　中国对外直接投资的影响因素：基于母国制度的视角 ………… 115

一、相关文献综述 ………………… 115

二、理论分析和假设 ………………… 118

三、实证模型、数据来源与处理 ………… 123

四、实证结果分析和解释 …………… 127

第二节　中国对外直接投资的影响因素：基于母国金融抑制的视角 ………… 133

一、问题背景 ………………………… 134

二、中国金融制度的变迁 …………… 136

三、金融抑制的概念和测度 …………………… 139

四、金融抑制对中国 OFDI 的影响机制分析 … 143

五、实证方法、数据来源与实证结果

分析和解释 …………………… 146

第三节　中国对外直接投资的影响因素：

基于母国人口结构的视角 ………… 151

一、问题的提出 …………………… 151

二、中国人口制度、数量和结构探析 ………… 153

三、人口结构对对外直接投资的影响机理

分析 …………………… 159

四、实证方法、数据来源与实证结果

分析和解释 …………………… 163

本章小结 …………………… 172

第六章　中国对外直接投资的区位战略选择

影响因素：基于东道国角度 … 175

第一节　中国 OFDI 的影响因素和区位

选择 …………………… 175

第二节　理论分析和研究假设 ………… 177

一、寻求庞大的东道国市场 …………… 178

二、寻求国外稳定的自然资源供给 ………… 179

三、寻求战略资产 …………………… 180

四、寻求低成本劳动力 …………… 181

五、寻求发达的金融市场 …………… 182

六、寻求适宜的制度环境 …………… 183

第三节　变量、数据来源和样本的选取 ……… 184

一、变量与数据来源 ……………………… 184

二、样本的选取 …………………………… 189

第四节　模型设定和实证结果 …………… 190

一、模型的设定 …………………………… 190

二、实证结果分析与解释 ………………… 190

本章小结 …………………………………… 206

第七章　研究的主要结论、政策建议
　　　　与未来研究方向 …………… 208

第一节　研究的主要结论 ………………… 208

一、受制度影响,技术对中国的 OFDI 具有促进

作用 ……………………………………… 208

二、金融抑制促进了中国的对外直接投资 …… 209

三、人口结构老龄化促进了中国的对外直接

投资 ……………………………………… 210

四、东道国发达的金融市场吸引了中国的

OFDI ………………………………… 211

第二节　政策建议 ………………………… 212

第三节　未来研究方向 …………………… 215

参考文献 ………………………………… 217

第一章　导论

第一节　研究背景

"引进来"和"走出去"战略对一国经济产生的积极影响已被美国、日本和韩国等发达国家的成功经验所证实。2000年之后,我国政府明确提出"引进来"和"走出去"并举的战略,在此部署下,我国"引进来"和"走出去"进入了飞速发展时期。

联合国贸发会议(UNCTAD)发布的2015年《世界投资报告》显示,全球对外直接投资(FDI)在2014年下降了16%,但流入发展中经济体的投资却达到了历史最高水平,中国首次超过美国成为全球最大的FDI流入国。2014年流入发展中经济体的FDI达到了6810亿美元,占全球FDI流量的55%。中国以1290亿美元首次成为全球最大的FDI流入国。在中国大规模引进FDI的同时,中国企业也在快速进行对外直接投资。根据联合国贸发会议(UNCTAD)2015年的《世界投资报告》数据,2014年全球外国直接投资流出流量1.35万亿美元,年末存量25.87万亿美元,以此为基数计算,2014年,中国对外直接投资分别占全球当年流量、存量的9.1%和3.4%,中国连续3年位居全球国家(地区)对外直接投资流量的第三位(见图1.1)。

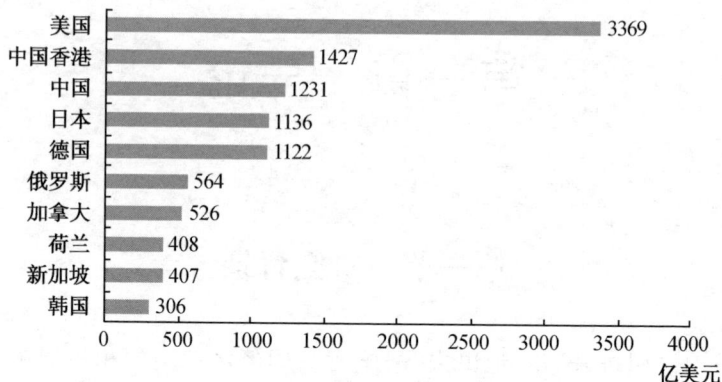

图 1.1   2014 年中国与全球主要国家(地区)OFDI 流量

资料来源:商务部 2014 年度对外直接投资统计公报。

我国非金融类对外直接投资(OFDI)流量从 2003 年的 28.5 亿美元增加到 2014 年的 1231.2 亿美元,增长了 42 倍多,与上年相比,较上年增长 15.6%,具体的年份数据见表 1.1。根据商务部的统计,截至 2014 年年底,中国 1.85 万家①境内投资者在国(境)外设立对外直接投资企业②(以下简称境外企业) 近 2.97 万家,分布在全球 186 个国家和地区③,对外直接投资累计净额(简称存量)8826.4 亿美元,年末境外企业资产总额超过 3.1 万亿美元。

---

① 按照商务部《中国对外直接投资统计公报》解释,1.85 万家境内投资者指的是以境内一级投资主体(即母公司)作为统计单位的数量。

② 按照商务部《中国对外直接投资统计公报》的解释,对外直接投资企业是指境内投资者直接拥有或控股 10% 或以上股票权或其他等价利益的境外企业。

③ 按照商务部《中国对外直接投资统计公报》的解释,对外直接投资的国家和地区按境内投资者投资的首个目的地国家和地区进行统计。

表 1.1 中国历年对外直接投资额

年份	流 量			存 量	
	金额 （亿美元）	同比（%）	全球位次	金额 （亿美元）	全球位次
2002	27	——	26	299	25
2003	28.5	5.6	21	332	25
2004	55	93	20	448	27
2005	122.6	122.9	17	572	24
2006	211.6	43.8	13	906.3	23
2007	265.1	25.3	17	1179.1	22
2008	559.1	110.9	12	1839.7	18
2009	565.3	1.1	5	2457.5	16
2010	688.1	21.7	5	3172.1	17
2011	746.5	8.5	6	4247.8	13
2012	878	17.6	3	5319.4	13
2013	1078.4	22.8	3	6604.8	11
2014	1231	14.2	3	8826	8

资料来源：商务部历年《中国对外直接投资统计公报》。

注：2002—2005 年数据为非金融类对外直接投资数据；2006—2014 年为全行业对外直接投资数据。

从中国对外直接投资的流量和增速来看，其对外直接投资保持了迅猛的发展势头。然而，从存量来看，虽然 2014 年的世界排名与 2013 年相比上行了 3 位，中国的对外直接投资存量位居第八位，累计净额达到 8826 亿美元（见图 1.2），但中国的对外直接投资累计净额只占全球对外直接投资存量的 3.4%，跟世界其他主要的投资国家和地区比起来，中国的对外直接投资存量只相当于日本的 74%，法国的 69%，德国的 55.7％,英国的 56％和美国的 14％。

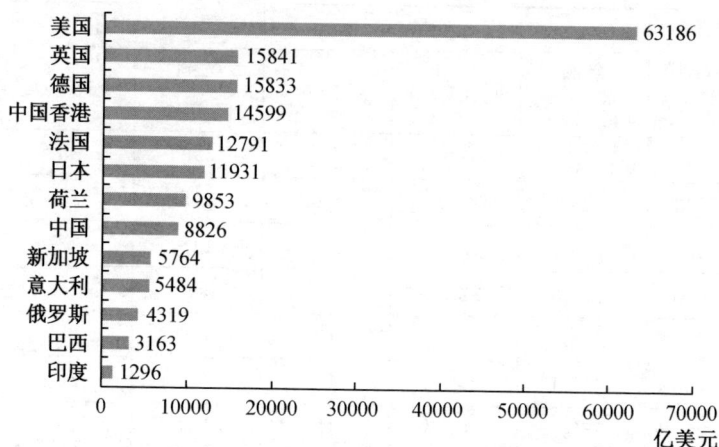

图 1.2　2014 年中国与全球主要国家(地区)OFDI 存量

资料来源:商务部 2014 年度对外直接投资统计公报。

　　自中国建立对外直接投资统计数据以来,中国的对外直接投资进入了飞速发展时期,从以上统计数据来看,一方面,中国的对外直接投资在流量上已经位居世界前列,在 2005 年之后对外直接投资更是突飞猛进;另一方面,中国的对外直接投资与发达国家和地区相比在存量上仍处于较低发展阶段,国际占比很低。1978 年中国实施改革开放政策以来,我国的经济获得了发展的活力,不断发展壮大,自 2001 年加入世界贸易组织(WTO)以来,中国的经济总量和贸易规模迅速发展,截至 2014 年,中国 GDP 已达到 10 万亿美元,在全球经济中的占比达到 13.4％;从贸易规模来看,中国出口规模已经达到 2.34 万亿美元,占全球出口额的 12.3％。从经济总量和贸易总量来看,中国已经成为全球仅次于美国的第二大经济体和全球最大的出口国。作为一个迅速崛起的经济大国,中国在国际直接投资中的地位,与我国在世界经济中的经济大国地位不相匹配,只占全球对外直接投资存量的 3.4%。鉴于此,本书研究哪些因素影响了中国的企业在 21 世纪之后有了大规模的对外直接投资活动,以及哪些因素可以促进中国对外直接投资规模的进一步扩大。对此予以研究对我国当前存在结构性严重过剩的经济结构具有重要的意义,对外直接投资有助于我国企业将过剩的产能转移到国外,对我国的去产能起着积极的推动作用。此外,厘清影响对外直接投资的因素,也有助于明确是什么因素引致了资本的外流,以防止资本的过快、过度外流对我国经济发展造成负面影响。

同时,随着我国政府对对外直接投资的鼓励政策以及我国经济的发展,我国对外直接投资势必在未来不断发展,越来越多的企业选择对外直接投资。相比境内投资,境外市场有更多的不确定性,企业选择在哪里投资势必关系到企业对外直接投资的成败。因此,本书在第六章从东道国的角度研究中国对外直接投资的区位战略选择影响因素,以期为我国企业顺利"走出去"提供建议。

第二节　研究意义

一、研究的理论意义

(一)传统的对外直接投资理论对解释发展中国家的投资行为具有局限性

主流的、传统的对外直接投资理论来源于对西方发达国家跨国公司的研究。面对 20 世纪 50 年代美国企业大规模的对外直接投资活动,Hymer 于 1960 年阐释了企业对外直接投资的动因,提出了垄断优势论。Buckley 和 Casson 于 1976 年在交易成本的基础上提出内部化理论,以规避市场不完全而造成的交易成本偏高的问题。传统的 FDI 理论认为,跨国企业国际化的前提是必须拥有某种优势以克服企业海外经营的风险和额外成本,这样才能确保企业投资海外获取足够的回报。20 世纪 70 年代,发展中国家对外直接投资兴起,发展中国家的企业并不具备西方发达国家跨国公司所有的优势,因此传统理论在解释发展中国家的对外直接投资行为时存在局限性。本书在对传统理论梳理的基础上,将对现有的对外直接投资理论进行可能的补充和扩展。

(二)本书的研究是国际贸易学和其他学科相结合的跨学科研究

西方发达国家企业的经营活动属于纯市场行为,而我国企业对外直接投资经营活动受到政府政策等方面的影响,企业的行为不仅受到来自市场的影响而且受到政府的政策影响。中国对外直接投资何以能在短时间内突飞猛进,得益于中国政府的鼓励和支持。Buckley 等(2007)和 Peng 等(2008)认为,研究发展中国家的对外直接投资应当从制度的角度入手,强调制度应该成为影响发展中国家 OFDI 的重要因素,因此,研究中国的对外直接投资应当与制度相结合。在本书中,我们从母国和东道国的制度角度对我国的对外直接投资进行了研究,发现制度显著影响了中国的对外直接投资,并通过调节作用影响其他变量而影响中国的对外直接投资。

企业的对外直接投资活动的动机不外乎市场寻求、自然资源寻求、效率寻求和战略资产寻求(邓宁,1993,1998)。东道国的市场规模是对外直接投资的主要决定因素之一,也即企业的对外直接投资活动具有市场寻求型动因,这一结论在学者的研究中比较统一。鉴于中国人口结构趋于老龄化和我国工资不断上涨的事实,本书从人口学的角度对我国对外直接投资进行分析,探寻我国的对外直接投资是否为有效率寻求动机。

Campello 等(2010)对金融危机期间亚欧和美国的首席财务官进行调查发现,企业的对外直接投资活动很大程度上受到金融发展的影响,一旦企业的融资受到约束,企业的投资行为将受到限制,从而减少对外直接投资活动。鉴于此,本书从金融学的角度探讨我国的金融环境是否影响了企业的对外直接投资,并从东道国的角度验证东道国的金融环境是否是促进中国企业对外直接投资流入的原因。

（三）以中国 OFDI 的影响因素和区位战略选择为对象,对 FDI 理论进行补充

本书从母国和东道国的角度对中国 OFDI 的影响因素和区位选择进行考察,以期对现有的 FDI 理论进行补充。

首先,本书在以往研究的基础上继续从制度的视角探寻对外直接投资的决定因素。通过梳理文献,我们发现现有文献从市场化进程和知识产权保护的制度视角对中国对外直接投资的研究较少,同时,我们将市场化进程和知识产权保护作为中间调节变量,得到了一些发现:第一,市场化进程和知识产权保护对中国的对外直接投资有显著影响;第二,金融发展对中国的 OFDI 有显著影响;引入市场化进程和金融发展的交互项后,金融发展对对外直接投资的影响减弱,市场化进程和金融发展存在替代效应;第三,研发投入(R&D)

对中国的 OFDI 影响不显著;引入知识产权保护和研发投入（R&D）的交互项后,研发投入对中国 OFDI 的影响显著。我们从东道国的制度角度进行分析,探寻我国的对外直接投资向外是否具有制度寻求动机,以及是否影响企业的区位选择。

其次,本书从母国金融环境和东道国金融环境的角度探讨中国的对外直接投资。由于我国的特殊国情,在金融领域国家一直推行金融抑制政策,金融抑制政策对我国的经济产生了深远的影响。金融抑制政策使我国积累了大量的外汇储备,促进了我国大规模的对外直接投资,但这以我国的经济结构失衡为代价。通过利用国际货币基金组织（IMF）的数据,我们对此进行实证检验。实证研究结果表明,我国1949 年以来的金融抑制政策显著促进了我国的对外直接投资。我们又从东道国金融市场发展程度的角度进行分析,探寻我国的对外直接投资是否具有金融效率寻求动机,以及该因素是否影响企业的区位选择,实证研究结果表明,发达国家的金融市场是吸引中国 OFDI 的因素之一。

再次,本书从母国人口结构和东道国工资的角度对中国的对外直接投资进行研究。梳理已有的文献,我们发现目前对于人口结构与经济的关系,研究主要集中在人口结构对储蓄率的影响（郑基超等,2015）、人口结构与经常项目收支（刘渝琳和刘铠豪,2015）,以及人口结构与国际贸易（田巍等,2013）等,鲜有文献关注人口结构转型与对外直接投资之间的直接关联。通过梳理人口结构和对外直接投资之间的关系,我们发现,在我国的人口结构趋于老龄化,工资水平不断上升的背景下,企业开始"走出去",寻找工资水平更低的国家和地区。我们又从东道国的角度,探寻中国的对外直接投资是否具有效率寻求动机,实证结果表明,发展中国家较低的劳动力成本吸引了中国的 OFDI。

二、研究的现实意义

国际直接投资可以将世界各地的资本、技术、信息等资源在全球内进行合理配置。实施"走出去"战略可以使一国企业在更大的范围、更广的领域和更高的层次上参与国际资源配置,在全球范围内获取稀缺资源,提升企业的竞争力(陈岩等,2012)。然而,尽管当前中国的对外直接投资增长势头迅猛,对外直接投资流量在世界各国排名中居前,但是从存量上来讲,中国的对外直接投资在世界的占比很低。

经过 30 多年的改革开放,我国的经济释放了巨大的活力,不断发展壮大。截至 2014 年,从经济总量和贸易总量来看,中国已经成为全球仅次于美国的第二大经济体和全球最大的贸易出口国。伴随着我国经济所取得的成就,经济中存在的问题也逐渐暴露出来。经过多年的发展,作为"世界工厂"的中国,随着经济和贸易的迅猛发展,中国经济发展中所需要的某些能源资源相对短缺,中国的能源安全问题需要解决。中国的部分产业产能过剩严重,并且个别行业的产能过剩问题还非常严重,国内存有大量过剩的成熟行业急需要向国外转移。一直以来经济赖以发展的"人口红利"随着人口结构日趋老龄化正在逐步消失,通过引进外商直接投资,通过市场换技术的政策并没有成功,当前我国的部分行业需要通过对外直接投资向产业链的高端迈进,以期在国际上汲取西方发达国家企业的技术、管理经验、配送网络、销售网络等知识资源。本书的研究结果将对国家制定相关对外直接投资战略和政策提供依据。

第三节　研究内容、思路与方法

一、研究内容

（一）中国对外直接投资现状和发展阶段评析

据商务部估算，中国将很快成为净投资国。随着中国政府"走出去"战略的深入实施，我们有必要对中国对外直接投资的现状和发展阶段有更清楚的认识。我们通过分析改革开放以来中国对外直接投资的发展状况，通过数据分析中国对外直接投资的主体是什么企业、中国对外直接投资的目的地主要在哪里，以及中国企业对外直接投资的行业主要是什么；在邓宁投资发展周期理论的基础上，分析中国现阶段对外直接投资所处的阶段。根据邓宁的投资发展周期理论，中国当前的对外直接投资处于第三阶段，处于这一阶段的中国对外直接投资将大幅度增加，随着其增速超过外资的流入速度，中国的对外直接投资将进入第四个阶段。我们通过对中国对外直接投资发展现状和所处阶段的分析，期望为政府制定相关政策提供有益的参考。中国经济的发展在当前处于关键时期，在经济发展的过程中存在急需解决的问题：一方面，中国经济发展所需要的某些能源资源相对短缺，中国的能源安全问题需要解决；另一方面，经过 30 多年粗放型的经济发展，中国的部分产业产能过剩严重，并且个别行业的产能过剩问题还非常严重。对外直接投资将在解决中国面临的两大问题上起到不可忽视的作用。中国应当继续保障对外直接投资的稳定，特别是对采矿业的投资，以保障能源资源的不断供给。政府不仅要扶持国有企业的对外直接投资，而且要扶持非国有企业的对外直接投资。根据"亚洲四小龙"的发展经验,政府支持中小企业对外直接投资,最终不仅促进了本国或者地区的对外直接投资,而且完成了其自身的产业结构转型升级。借鉴"亚洲四小龙"的发展经验,政府在对外直接投资中应发挥相关职能,引导产能过剩的制造业对外直接投资,发挥制造业的比较优势。对于发达国家和地区的投资,主要目的不应该是利用自身优势扩大海外生产,而是要通过在发达国家和地区的投资,提升自身的技术、管理水平等,从而提高企业自身的竞争力。

(二)母国地区环境差异对中国对外直接投资的影响

自商务部公布中国的对外直接投资数据以来,中国的对外直接投资飞速发展。自 2012 年以来,中国连续 4 年对外直接投资流量名列按全球国家和地区排名的第三位。然而,在对外直接投资中,中国的对外直接投资表现出极大的地区不均衡性,对外直接投资主要集中在东部省市,东部地区的对外直接投资占了所有对外直接投资当年流量的 70% 以上,而中西部省市只占不到 30%。我国在总量上已成为世界第三大对外直接投资资本输出国,但我国各省市的对外直接投资表现出极大的地区差异。

本书考察了我国地区差异对对外直接投资的影响。我们得出结论,从全国层面来看,各地区的制度质量、经济总量(GDP)、吸引的外商直接投资(IFDI)和金融发展等因素对我国的对外直接投资有显著的正的影响;从地区内部来看,在控制了其他变量后,我国不同地区的对外直接投资的影响因素不同,制度对东部地区省市的对外直接投资影响不显著,而中西部地区的对外直接投资显著地受制度的影响;金融发展对东部地区的对外直接投资影响显著,对中西部地区的影响不显著。

（三）中国对外直接投资的影响因素——基于母国制度的视角

在前人研究的基础上,本书继续从制度的视角对我国的对外直接投资进行研究。本书从母国制度的视角,关注制度对中国对外直接投资的影响,特别是从市场化进程和知识产权保护程度的视角对对外直接投资的影响进行研究,主要原因有以下两点:第一,中国自 1978 年开始从计划经济体制向市场经济体制进行改革,到现在中国仍然是从计划经济向市场经济转轨的国家。市场化作为一种从计划经济向市场经济过渡的体制改革,是一系列经济、社会、法律制度的变革,或者说是一系列的大规模的制度变迁(樊纲等,2010)。所以,市场化进程更能全面反映中国的制度质量。第二,根据新制度经济学的观点,制度是一个社会的博弈规则,是人为设计的、形塑人们互动关系的,包括正式规则(政治、经济规则以及契约等法律法规)约束和非正式规则(价值信念、伦理规范、道德观念等)约束,也为企业决策提供了相应的激励安排(North,1990;Scott,1995)。根据 Beck(2005)、Claessens(2003)和 Cull(2005)的研究,知识产权保护等制度因素对企业的成长机会、资源分配和投资行为等产生了多方面的重要影响。与发达国家企业的 OFDI 行为相比,中国企业的对外直接投资并不具备 Hymer 和 Dunning 所认为的所有权优势(比如技术、专利等)。然而,产权制度和政府的政策可能会通过影响企业的人才和技术等要素,进而对企业的所有权优势产生影响(Dunning;熊伟;阎大颖)。知识产权保护作为影响企业行为的重要制度安排将会影响到企业的研发和创新行为。鉴于此,本书从知识产权保护的视角分析其对我国企业对外直接投资的影响,考察在产权制度的影响下,我国的技术是否对对外直接投资产生了影响。通过进行实证研究,我们发现:第一,市场化进程和知识产权保护对中国的对外直接投资有显著影响。第二,金融发展对中国的 OFDI 有显著影响;引入市场化进程和金融发展的交互项后,金融发展对对外直接投资的影响减弱,市场化进程和金融发展存在替代效应。第三,研发投入(R&D)对中国的 OFDI 影响不显著;引入知识产权保护和研发投入(R&D)的交互项后,研发投入对中国 OFDI 的影响显著。

(四)中国对外直接投资的影响因素——基于母国金融抑制的视角

Levine(2005)发现,金融部门越是发达的国家,其经济增长越是快速;一国的金融体系是以银行为主导还是以市场为主导区别不大,但这并不是说这种制度安排对经济增长没有影响,而是不同的制度安排适合不同时期的不同的国家;产业层面和企业层面的数据证明,金融对经济增长的影响机制是通过缓和外部金融对企业的约束以提高资本的分配。

在之前学者研究的基础上,针对中国对外直接投资的迅猛增长,结合金融对经济增长的影响以及金融对贸易的影响,我们推测金融抑制可能是中国对外直接投资强劲增长的原因之一。从金融抑制的视角继续探讨中国对外直接投资的决定因素,金融制度本身是经济发展的重要决定因素之一的论断已经得到经济学界的广泛认可(张震和张卫国,

2005)。张曙光(2014)认为,中国经济运行的最大问题是政府干预要素市场,特别是金融市场,从而造成了严重的金融扭曲和金融抑制。本书从金融抑制的视角,通过实证方法验证了我国的金融抑制政策对我国对外直接投资具有促进作用。我国的金融抑制政策使得资源配置到了制造业的出口贸易部门,虽然在这一政策下,我国积累了大量的贸易顺差,但是这以我国经济失衡和部门发展的不均衡为代价。此外,我国在积累了大量的外汇储备后,由于没有好的投资渠道,又以证券的形式回流到发达国家,以低息供国外的企业和消费者使用。由于我国的消费者存在流动性约束,还有一部分资本通过对外直接投资的形式流到其他国家。我国的金融抑制政策基本完成了一定时期国家设定的目标,但随着外汇储备的增多,以及经济结构的失衡等,我国应当逐步对金融抑制进行改革。

(五)中国对外直接投资的影响因素——基于母国人口结构的视角

2000年之后,一方面,中国的对外直接投资屡创新高,另一方面,中国的人口结构发生了变化,中国的人口结构趋于老龄化逐步显现。劳动力资源的比较优势内生于一国的人口结构(孙早,2014)。21世纪之后,随着人口结构开始出现老龄化趋势,人口红利逐渐消失,我国的劳动力供给和需求结构发生了改变。当劳动力的成本上升时,社会会要求人力资本投资要有更高的回报,这势必要求劳动生产率具有较高水平。而当劳动力成本上升,劳动生产率不能同时提高时,企业的生产成本增加,则企业有可能寻找劳动力成本更低的地区进行投资,这时,中国企业对国外的对外直接投资有可能会发生。

　　我们利用全国 2003 年到 2010 年的面板数据,对人口结构变化与对外直接投资的关系进行了实证检验。人口结构对对外直接投资的影响:一方面通过影响劳动力的供给进而影响对外直接投资,另一方面通过影响经常账户进而影响对外直接投资。实证结果显示,老年抚养比与对外直接投资呈现显著的正相关关系,而少儿抚养比对中国对外直接投资的影响不显著。为了考察面板检验结果的可靠性,我们又使用 1990 年到 2013 年的时间序列数据对人口结构变化和对外直接投资的关系进行了稳健性检验,检验结果与面板数据一致。人口结构的老龄化是我国对外直接投资的影响因素之一。

　　(六)中国对外直接投资区位战略选择的影响因素——基于东道国的视角

　　中国的对外直接投资不仅受到母国自身的推动作用的影响,而且会受到来自东道国的拉动作用的影响。在母国角度研究的基础上,我们从东道国的角度研究东道国哪些因素吸引中国的企业对其进行对外直接投资以及这些因素对中国企业对外直接投资的区位选择的影响。邓宁认为,跨国公司的对外直接投资不外乎四种类型:自然资源寻求型、市场寻求型、战略资产寻求型和效率寻求型。从中国对外直接投资的现状和数据来看,我们推测中国的对外直接投资受东道国自然资源是否丰裕、劳动力成本是否廉价、战略资产是否丰裕三大类因素的影响;受东道国因素的影响,中国的对外直接投资在区位选择上也表现出了一定的特征,自然资源寻求型的对外直接投资集中于资源丰富的非洲和亚洲国家,这类国家风险较高,效率寻求型的对外直接投资集中于与中国邻近的亚洲国家,战略资产寻求型的对外直接投资集中于北美和欧洲的发达国家。从中国对外直接投资母国角度的分析来看,国内的金融抑制促进了中国企业的对外直接投资,因此,我们考虑东道国国内的金融发展是否吸引了中国的对外直接投资,中国企业的 OFDI 是否集中于金融发展好的国家。此外,从现有的文献来看,无论是国内的制度还是东道国的制度都是影响中国企业对外直接投资的关键因素之一,因此,在从东道国的角度进行分析时,我们要重点讨论东道国的制度是否吸引了中国的对外直接投资以及是否决定了中国企业在对外直接投资中的区位选择。本书整理并且选取 2003—2014 年间中国对全球 140 个国家和地区对外直接投资的统计数据,通过理论分析,从东道国的角度实证检验中国对外直接投资的区位战略选择影响因素。本书先对全样本进行了分析,由于世界各国在经济发展水平、技术、金融市场发育程度方面有很大不同,所以,本书又将 140 个国家和地区按照各国的经济发展水平进行了分类,分为发达国家、发展中国家和欠发达国家三类子样本,分类后的实证结果显示中国对不同类型的国家表现出了不同的区位偏好。

二、研究思路与方法

中国的对外直接投资一方面受母国的推动作用的影响,另一方面受东道国的拉动作用的影响。本书结合母国和东道国的共同作用,主要从母国和东道国制度、金融环境和工资的视角对影响我国对外直接投资的因素进行分析,同时也考察了东道国的市场规模、自然资源和战略资源是否决定了中国企业的对外直接投资。制度、金融环境和工资水平在影响中国企业 OFDI 的过程中,同时也决定了中国企业"走出

去"的时候选择什么样的国家进行投资,也即决定了中国对外直接投资的区位选择。本书的研究思路和研究方法如下:

（一）研究思路

研究思路见图 1.3。

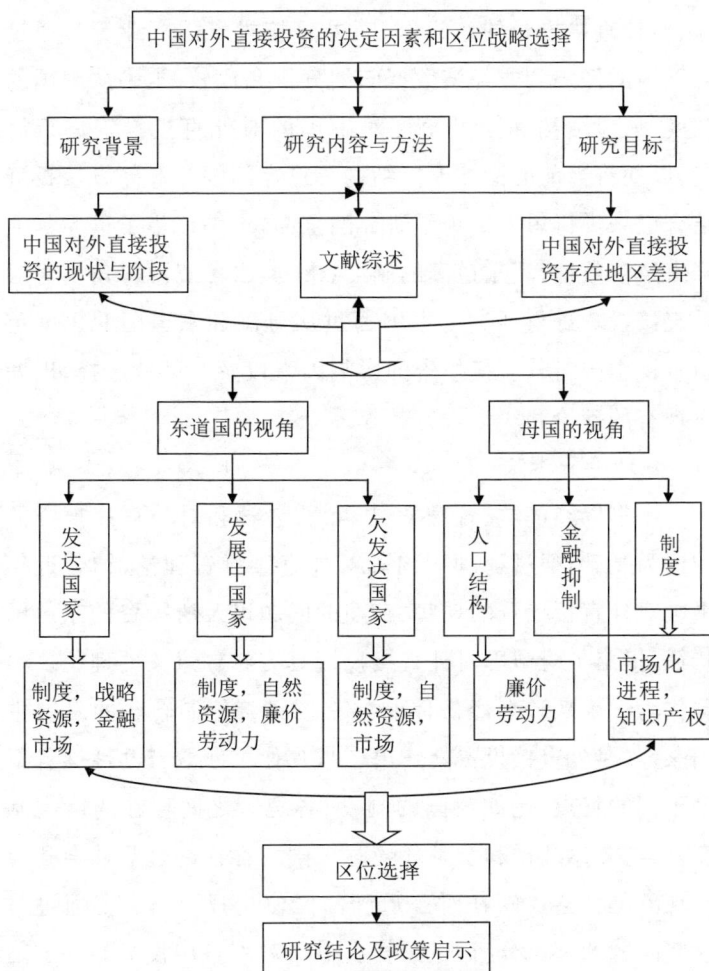

图 1.3 研究思路

（二）研究方法

1.逻辑演绎法

本书通过搜集和整理国内外的各类数据，对中国对外直接投资的历史和现状进行深入分析，包括对外直接投资的主体、对外直接投资的东道国、对外直接投资的产业等。通过对国内的经济和非经济数据归纳分析和比较，本书从中国的制度、人口结构和金融角度对中国的对外直接投资进行研究，以期将当前的诸如人口结构等热点问题与对外直接投资结合起来进行思考。为了研究的全面，本书搜集了世界其他国家经济数据，从东道国的制度、市场、自然资源等角度对对外直接投资进行研究。本书通过从母国和东道国的角度重新审视中国对外直接投资的影响因素以及其区位选择，以期对现有的理论和实证进行补充。

2.理论分析法

本书以经济学、管理学、国际贸易学和对外直接投资的理论为基础，通过梳理国内外对外直接投资理论，结合近年中国对外直接投资的现状、存在的问题以及所投资的东道国特征，提出了对中国对外直接投资具有解释意义的理论。中国作为一个从计划经济体制向市场经济体制转轨的发展中国家，其对外直接投资暴露出了与其他国家既有共性又有很多不同的特点，比如我国的制度、各地区之间存在的巨大制度差异、人口结构和金融环境等。国内存在的这些社会和经济现象是否会反映在对东道国的区位选择上。本书通过对这些问题的理论分析，试图找出中国对外直接投资的决定因素和区位选择，为现有的理论做出一些补充，以期为国家制定相关政策提出有益的建议。

3.计量分析法

在理论分析的框架基础上,本书通过构建模型,用计量分析法来论证和验证文章中的主要观点。与截面数据和时间序列数据相比,面板数据的估计结果更为可靠,因为对于无法观测或测量的变量,面板数据可以更好地控制这些变量对对外直接投资的影响。在处理面板数据时,是使用固定效应模型还是随机效应模型,我们通过进行豪斯曼检验(Hausman Test),选定使用固定效应模型。面板数据的固定效应模型可以较好地控制不随时间变化而变化的因素,是实证研究中解决遗漏变量问题的好方法。本书中国各地区对外直接投资存在的地区差异、人口结构对中国对外直接投资的影响、制度对中国对外直接投资的影响、东道国的各因素对中国对外直接投资的影响,采用面板数据,利用固定效应模型对相关理论和观点进行实证分析,用时间序列的协整计量分析对金融抑制是否影响中国的对外直接投资进行检验。书中主要使用的计量软件为 STATA 12.0 等。

第四节　主要观点、创新与不足之处

一、主要观点

(1)通过对中国对外直接投资发展现状和所处阶段的分析,本书在邓宁投资发展周期理论的基础上,分析中国现阶段对外直接投资所处的阶段。根据邓宁的投资发展周期理论,中国当前的对外直接投资处于第三阶段,处于这一阶段的中国对外直接投资将大幅度增加,随着其增速超过外资的流入速度,中国的对外直接投资将进入第四个阶段。

（2）运用我国 2003—2009 年的省级面板数据，本书考察了地区差异对对外直接投资的影响。从全国层面来看，各地区的制度质量、经济总量（GDP）、吸引的外商直接投资（IFDI）和金融发展等因素解释了我国对外直接投资的地区差异。从地区内部来看，在控制了其他变量后，我国不同地区的对外直接投资的影响因素不同，制度对东部地区省市的对外直接投资影响不显著，而中西部地区的对外直接投资显著地受制度的影响；金融发展对东部地区的对外直接投资影响显著，对中西部地区的影响不显著。

（3）通过制度对中国对外直接投资的影响进行实证研究，制度质量与金融发展对对外直接投资的影响是一种替代关系。研发投入对对外直接投资的直接影响并不显著，说明我国的企业还不具备国际跨国公司所具备的垄断优势。然而，在加入制度质量这一调节变量后，制度质量对研发投入有显著的调节作用，知识产权保护制度的不完善使得研发投入对 OFDI 有了显著的促进作用。在中国的对外直接投资中，国有企业的占比一直很高，由于国有企业与民营企业相比在对外直接投资活动中更能执行政府的意愿，就更能获得各级政府的制度支持，现有的各省市制度有利于国有企业的对外直接投资。

（4）从金融抑制的视角，运用时间序列数据实证验证了我国的金融抑制政策是否促进我国的对外直接投资。我国的金融抑制政策使得资源配置到了制造业的出口贸易部门，虽然在这一政策下，我国积累了大量的贸易顺差、经常账户顺差，但是这是以我国经济失衡、部门发展的不均衡为代价的。此外，我国在积累了大量的外汇储备后，由于没有好的投资渠道，又以证券的形式回流到发达国家，以低息供国外的企业和消费者使用。由于我国的消费者存在流动性约束，还有一部分资本通过对外直接投资的形式流到其他国家。金融抑制是我国对外直接投资的影响因素之一。

（5）人口结构对对外直接投资的影响路径：第一，人口结构通过影响劳动力的供给进而影响对外直接投资；第二，人口结构通过影响经常账户进而影响对外直接投资。本书对人口结构变化与对外直接投资的关系进行了实证检验。实证结果显示，老年抚养比与对外直接投资呈现显著的正相关关系，而少儿抚养比对中国对外直接投资的影响不显著。人口结构老龄化是我国对外直接投资的影响因素之一。

（6）从东道国的角度对影响我国对外直接投资的区位战略选择进行探讨。全样本的实证结果得出，中国的对外直接投资受到东道国市场规模、战略资产、廉价的劳动力、自然资源等因素的影响，中国的对外直接投资倾向于投向具有较大的市场规模、劳动力、战略资产和自然资源丰裕的东道国，但东道国的金融市场环境对中国对外直接投资的影响不显著。由于发达国家和发展中国家在经济、社会和法制等方面与发展中国家存在很大的差异，因此把所有的样本放在一起进行研究可能会出现偏误。因此，我们对样本进行了区分，分为发达国家样本群、发展中国家样本群和欠发达国家样本群。对发达国家的投资，受科技等战略资产和发达的金融市场因素的影响；对发展中国家的投资，受市场规模和低廉的劳动力因素的影响；对欠发达国家的投资，投资动机不明显。在制度寻求上，不同类型的国家表现出不同的特点。

二、创新之处

本书主要从制度、人口结构和金融的视角研究中国对外直接投资的影响因素和区位选择。由于对外直接投资活动既受到母国因素的推动影响,又受到东道国相关因素的拉动影响,因此,本书从母国和东道国的角度进行综合分析,使得研究能够遥相呼应,能够全面系统地揭示中国对外直接投资的影响因素和区位战略选择影响因素。

在现有文献的基础上,本书可能的创新点主要体现在以下四个方面:

(1)现有研究从制度的视角考察中国对外直接投资的文献较多,本书继续从制度的视角进行考察。制度作为调节变量,研究结论有了新的发现,制度和金融发展对对外直接投资的影响存在替代效应;引入知识产权保护和研发投入的交互项后,研发投入对中国 OFDI 的影响显著。

(2)与以往的研究不同,本书运用不同的计量方法考察金融抑制对中国 OFDI 的影响,得出的结论与现有研究结论相同。

(3)鲜有文献关注人口结构和对外直接投资的关系,以及人口结构对对外直接投资的影响机制,通过理论分析和实证验证,本书发现中国的人口老龄化显著地影响了中国的对外直接投资,人口老龄化部分解释了中国对外直接投资的原因。

(4)在从东道国的视角考察中国 OFDI 区位选择的决定因素时,与母国视角相对应,本书从制度、人口结构(工资)和金融市场的发达程度等因素进行分析,其中东道国金融市场是否影响中国、是否对外直接投资的区位战略选择在以往的文献中没有涉及或者有涉及的研究的角度不同。本书引入东道国的金融市场发展状况进行研究,探究其发展水平是否吸引了更多的中国企业对其进行投资,发现东道国金融市场是否发达是影响中国是否对其进行直接投资的原因之一。

综上,一方面,本书的研究方法和研究的视角具有一定的创新性;另一方面,通过进行理论分析和实证检验,本书得出了区别于现有研究的不同研究结果,丰富了目前中国对外直接投资的理论和实证分析。

三、不足之处

第一,实证分析中,用以衡量中国制度和金融抑制的数据较为陈旧。对于中国制度质量的数据较为权威的是中国经济改革研究基金会国民经济研究所编制的中国市场化进程指数,该数据截止到 2010 年。衡量中国金融抑制的数据,本书采用 IMF 发布的数据,数据介于 1981 年和 2005 年间,国内也有学者对金融抑制数据进行编撰[①],但考虑到与 IMF 数据相比,IMF 数据衡量的角度更为全面,本书还是选用 IMF 的数据。在未来的研究中,我们将编撰相关的衡量中国制度和金融抑制的数据。

第二,研究的角度和数据较为宏观。本书从省级层面和国家层面对中国的对外直接投资进行研究;研究中没有对对外直接投资的产业进行分类,进而从产业层面进行研究;研究中没有将对外直接投资的主体进行分类,进而从微观企业层面进行研究,这可能导致最后的政策建议较为宽泛,缺乏针对性。在以后的研究中,我们要继续对投资主体和投资行业加以分类,从企业层面对中国的对外直接投资进行探讨,使得研究结论更为精确和可靠,提出更加切实可行的政策

---

① 仇娟东、何风隽和艾永梅(2011)从活期和定期利率、法定存款准备金率、汇率等八个指标用主成分分析法编撰了中国 1981 年至 2009 年期间的金融抑制指数。

建议。

第三,在现有研究的基础上,本书的研究主要是对中国对外直接投资理论研究和实证研究的补充。本书的研究主要从几种影响因素对中国对外直接投资和区位选择进行研究,这可能会导致研究的不全面,以后的研究应尽可能对对外直接投资影响因素和区位选择多角度地、系统地、综合地、具体地进行研究。

第二章　文献综述

第一节　对外直接投资理论文献综述

一、对外直接投资的微观理论

（一）垄断优势理论

垄断优势理论由海默（Stephen Hymer）提出,对于 20 世纪 50 年代西方发达国家出现的大规模对外直接投资,海默于 1960 年在其博士论文中首次给出了不同于以往研究的解释。他以美国企业的 OFDI 为研究对象,认为传统的国际直接投资理论适合对跨国证券投资做出解释,由于对外直接投资和跨国证券投资有诸多不同,需要新的理论对 20 世纪 50 年代出现的美国企业大规模的对外直接投资活动做出解释。在研究了美国对欧洲和其他国家的直接投资后,海默认为企业的对外直接投资活动只有在两种条件下才可能发生:一是在市场存在不完全竞争的情况下,排除外国企业或者其他国家企业的竞争,使企业成为一家企业,以获得企业所拥有特定优势的收益,企业间的合并是有利可图的。二是在同一产业,企业间的能力是不同的,企业所拥有的特殊能力使得企业不仅优于国内的同行业企业,而且企业在国外从事生产也是有利可图的,这是由于企业所拥有的垄断优势使企业可以抵消东道国诸如

法律、语言、歧视等多方面的障碍,从而实现对外直接投资。

海默开创性的垄断优势理论为企业的对外直接投资理论奠定了基础,之后,学者不断对其理论进行完善。对于市场不完全理论,金德尔伯格(1969)进行了进一步的完善,他认为要素市场不完全、产品市场不完全、外部政府政策引起的不完全以及规模经济引起的不完全等构成了市场的不完全。之后,Caves(1971)的研究认为,产品市场不完全的重要表现特征是产品的异质性,跨国公司在管理、资本等方面相比东道国的企业都有优势,通过产品的品质、商标和品牌等效应,使得从事对外直接投资的企业具有垄断优势。

以海默为主导的学者以美国的对外直接投资企业为研究对象,研究背景为国际直接投资刚刚兴起,该研究突破了传统贸易理论框架下的对外直接投资研究,认为企业特有的、独有的优势比如管理和技术等知识资本优势是企业能够进行对外直接投资的关键因素,没有这些垄断优势,企业是不可能开展对外直接投资的。但是,随着社会的发展,全球国际化程度的加深,拥有垄断优势的企业也可能不会进行对外直接投资。企业对自己的垄断优势有多种处理方法,比如将技术优势用于自己的国外生产还是出售该项技术以获取收益,企业根据市场的不完全程度而定。邓宁认为,拥有垄断优势只是跨国企业开展对外直接投资的必要条件,海默的垄断优势理论所分析的企业对外直接投资动因较单一。而且,垄断优势理论没有解释对外直接投资的区位分布,无法解释1960年代后并不具备垄断优势的发展中国家的对外直接投资现象。在海默开创性的对外直接投资理论的基础上,后来的学者不断发展并完善对外直接投资理论。

(二)内部化理论

科斯(Coase,1960)的交易成本理论认为,市场交易的成本较大,企业将市场交易进行内部化可以降低企业交易成本的费用。在科斯新厂商理论和市场不完全的基础上,巴克利(Perter J.Buckley,1976)、卡森(Mark C.Casson,1976)和拉格曼(A.M.Rugman,1981)提出了内部化理论。

内部化理论的假设前提主要有这样几点:企业在不完全市场竞争中生产经营的目标是追求利润最大化;通过对外直接投资,企业将不完全的中间产品市场内部化,消除了市场失灵的交易成本;企业通过在国外设立分支机构将内部化扩展到全球范围,市场内部化后,价格为调拨价格,且内部调拨价格是有效的,跨国公司是市场内部化过程的产物。该理论认为,厂商的目标是追求利润最大化,由于技术存在外溢效应,企业要实现利润最大化,最好在技术外溢之前通过市场将技术交易出去。但由于市场不完全,交易费用高昂,如果单纯地将中间产品(技术、信息、商誉、营销知识等)通过外部市场来交易,企业的利润最大化是很难实现的。据此,他们认为企业通过对外直接投资可以将外部市场内部化,以实现企业的利润最大化。当企业的市场内部化跨越国界时,企业的对外直接投资活动就产生了,通过对外直接投资,外部市场的不完全带来的不利影响使得企业能够得以消除或者克服。

内部化理论认为,企业是否将市场不完全进行内部化取决于四个方面的因素,包括企业特定因素、行业特定因素、国别和地区特定因素,这其中行业特定因素最为关键。这是因为当某行业的产品具有多阶段生产特征,而中间产品的生产又是依赖外部市场完成时,那么供需关系有可能不稳定,则企业通过建立内部市场将这种外部不利内部化以保证中间产品的供需。最终,企业是否进行内部化取决于内部化交易成本的降低幅度大于企业在内部化过程中所产生的相关成本。

内部化理论以主要发达国家企业间的产品交换和企业国际分工等为研究对象,突破了先前理论以美国为主要研究对象的局限,认为跨国公司是企业国际分工的组织形式。内部化理论属于一般理论,能解释说明大部分对外直接投资的动因。内部化理论基于外部市场不完全,同时该理论以内部市场具有比外部市场更低的成本和更高的效率和内部市场不会出现市场失灵的情况为前提,这与当今企业在跨国战略中越来越重视对外部市场网络关系的研究与利用的情况是不相符的。并且,该理论适合解释企业纵向一体化的对外直接投资,对横向一体化则缺乏解释力(梁莹莹,2014)。

(三)国际生产折中理论(OIL)

OIL理论是英国雷丁大学邓宁(John H. Dunning)教授在融合前人及同时代其他学者理论的基础上,通过归纳总结,于1977年提出而形成的一套独特的理论体系。他认为,二战后到1970年代的国际生产理论,只是对国际生产作了部分的解释,没有把国际生产、贸易和资源转让等联系起来。随着全球经济活动的开展,这些理论的片面性逐渐暴露出来。邓宁于是在之前理论的基础上,试图一般地解释企业对外直接投资、贸易或者证券资本流动的动因。他的代表著作是《国际生产和跨国企业》,该书收集了1974—1980年间邓宁发表的主要论文,系统地阐释了折中理论。国际生产折中理论具有"三大理论支柱",即所有权优势(Ownership

Advantages)、内部化优势(Internalization Advantages)和区位优势(Location-Specific Advantages),这三大优势是否具备决定了企业是否能进行对外直接投资。该理论解释了企业国际生产中应当采取的形式、国际生产的决定因素以及国际生产的开展程度等内容。下面分别介绍这三大理论支柱。

一是所有权优势。邓宁认为企业的所有权优势是一国企业能够进行对外直接投资的基础,其含义是指企业拥有外国企业没有或者没有办法获得的资产及其所有权。根据邓宁的所有权优势理论,我们把所有权优势来源归为四方面:第一,来源于专利、技术、商标和管理技能等无形或者有形的资产,这些资产使得企业在技术水平或者价格水平上相对于其他企业具有较强的市场竞争能力,从而形成企业的所有权优势。第二,来源于企业的规模,对于新设立的企业,其规模一般较小,达不到规模经济所要求的足够规模,因此无法与原有在位企业开展竞争。第三,来源于企业的管理,企业进行海外经营可以利用母公司的网络增强竞争力,具体可以利用母公司成熟的营销技能、学习母公司的行政管理经验、利用母公司集中的会计程序、使用母公司的研发成果等。而新加入的竞争者要承担所有经营费用而且管理经验缺乏,其竞争力较弱。第四,来源于企业的跨国经营,企业的跨国经营涉及的国家越多,跨国企业可以通过在不同的市场配置资源使资源配置达到最优,所获取的收益就会越大。

二是内部化优势。邓宁认为市场不完全和交易成本的存在是内部化的原因,规避外部市场资源分配机制不完全是企业内部化的动机。

由于某些产品独有的特性,市场不完全使得这类产品不能完全通过市场交易来实现其价值,比如技术只有在投入生产过程后才能断定其产生的效益,从而可能造成买卖双方在定价上不一致,不能通过市场来正常交易。而且,即使能交易,卖方和买方在交换标的产品时存在一定的交易障碍,需要付出一定的成本,比如谈判成本等。交易成本和市场不完全的存在促使企业实行内部化。外部市场资源分配机制包括价格机制和公共管制。当市场不容许价格歧视,卖方和买方间的价格相差太远,卖方保护产权和控制信息的成本过高,此时对卖方企业来说,内部化是最好的选择。此外,通过实行内部化,跨国企业利用转移定价使企业的税率达到最低,规避了公共管制对跨国企业的影响。

三是区位优势。邓宁认为,区位优势是指东道国对投资者来说在投资环境方面所具有的优势,企业选在哪个国家进行生产经营取决于东道国的情况,包括东道国的税收;政府对企业利润汇出的限制;基础设施的建设情况;市场机制的运行状况,包括能源、劳动力、原材料等;政府的干预程度、政治的稳定性等因素以及因母国和东道国在语言、文化和风俗习惯方面所引起的差异决定了企业选择在哪个国家进行投资。

综上所述,企业要进行国际生产,必须拥有别国企业所没有的所有权优势,并且通过组织管理使在国外从事内部化生产所产生的收益大于出售或者租赁该资产的收益,结合东道国市场的区位因素进行跨国经营。国际生产折中理论的这三大理论支柱紧密相连、缺一不可,邓宁认为,企业只有具备这三种优势才能开展对外直接投资。折中理论不仅告诉企业为什么要进行对外直接投资以及在哪里进行投资,还告诉企业如何在出口、对外直接投资和资产转让三者间做出选择,具体见表2.1。

表 2.1　企业国际化经营战略

方式	所有权优势（O）	内部化优势（I）	区位优势（L）
对外直接投资	√	√	√
出口（贸易）	√	√	×
资产转让	√	×	×

资料来源：邓宁《国际生产和跨国企业》。

（四）小规模技术理论

20 世纪六七十年代，发展中国家开始由原材料和低附加值产品的供给国演变为可以生产较高质量和科技含量较高产品的国家，并且开始在其他发展中国家开展对外直接投资。1977 年，美国经济学家刘易斯·威尔斯在其文章《发展中国家企业的国际化》中分析了发展中国家在其他发展中国家设立分支机构、建立合资企业和子公司而没有只是简单地出口或者进行知识许可的原因。威尔斯在考察发展中国家企业的 OFDI 行为后认为，引起发展中国家对外直接投资的动因因素包括关税壁垒、运输成本和进口限制。此外，他还认为，经历相像、技术水平的吻合、民族关系、保护企业的知识所有权和竞争优势也是发展中国家企业对外直接投资的动机。之后，威尔斯对小规模技术理论在其专著《第三世界跨国公司》中进行了更详细的论述。他认为，发展中国家企业在对外直接投资活动中的竞争优势来自以下三个方面：

一是针对发展中国家特有的小规模技术。发展中国家经济发展水平较低，收入水平低，因此对制成品的市场需求很小，具有规模生产专长的发达国家企业无法在这种小市场上获得规模收益，这种市场正好迎合了发展中国家企业的优势。通过开发小规模技术，发展中国家获得了进入小市场的竞争优势。

二是源于种族网络。发展中国家的 OFDI 具有鲜明的民族文化特点,通过满足海外同一种族团体的需要而建立。根据威尔斯的研究,这一现象在东南亚国家的对外投资中比较普遍,跨国企业通过同一种族的海外联系,利用母国的当地资源,通过使用传统知名品牌,在海外进行直接投资。

三是低价营销策略。提供物美价廉的产品以抢占市场份额是发展中国家在对外直接投资中的竞争优势。发展中国家经济发展水平低,与发达国家跨国企业的管理人员和技术人员相比,工资收入水平也比较低;此外,发达国家跨国企业注重公司和产品的形象,在厂房建设、广告投入等方面支出很大,而发展中国家企业在这些方面节约了大量费用。因此,采用低价营销策略,压低产品的成本,用物美价廉的商品抢占市场份额是发展中国家企业的秘密武器。

威尔斯的小规模技术理论对于分析发展中国家企业在国际化的初级阶段如何在国际竞争中取得优势很有启发,是研究发展中国家 OFDI 的早期最具有代表性的成果之一。

（五）技术地方化理论

英国经济学家拉奥(Sanjaya Lall)在对印度跨国公司的对外直接投资动因进行深入研究后提出了技术地方化理论,其代表著作是 1983 年出版的《新跨国公司:第三世界企业的发展》。与威尔斯的小规模技术理论相比,拉奥认为,发展中国家对发达国家的技术进行引进后,先消化和吸收,在此基础上再对技术进行创新,因此并不仅仅是对发达国家技术的模仿和复制,企业的这种创新活动带给了企业新的竞争优势。在拉奥看来,发展中国家企业的生产包含着企业的主动创新,而不仅仅是生产劳动密集型和标准化的产品。

技术地方化理论认为,发展中国家的对外直接投资优势来自于:第一,发展中国家的投资环境不同于发达国家,因此,技术知识的当地化较能取得成功,这是因为环境一般与一国的要素价格及其要素的质量相联系。第二,发展中国家对发达国家的产品或者技术进行消化、吸收和改造后,形成了新的竞争优势,新的产品能更好地满足本国或者目的国的需求。第三,发展中国家根据自己的技术,研发不同于发达国家企业所生产的名牌产品的消费品,由于社会需求的多层次性,消费者的购买力也存在不同的层级,当消费者的品味和购买力存在很大差距,发展中国家的产品正好满足这类人群的需求,因此具有一定的竞争优势。

（六）技术创新升级与产业升级理论

20世纪80年代中叶以后,亚洲和拉丁美洲的很多新兴工业化发展中国家在本国国际收支盈余、本币升值和国外贸易保护主义的压力下,开始它们的对外直接投资。伴随着发展中国家的技术进步,发展中国家的对外直接投资也出现了大幅的增长。英国坎特威尔教授(John A. Cantwell)和他的学生托兰惕诺(Paz Estrella Tolentino)在进行研究后认为,第三世界国家企业的技术创新和技术积累引致了其对外直接投资,影响了企业的跨国生产活动,在此基础上提出了技术创新产业升级理论。

该理论认为,发展中国家和地区企业的技术创新和进步直接影响了其对外直接投资,技术对发展中国家的影响日益深远,技术决定了发展中国家企业是否进行国际生产,技术也影响了发展中国家企业 OFDI 的形势和增长速度。发展中国家和地区的产业结构升级要依赖其国内技术的不断进步。与发达国家相比,尽管发展中国家没有强大的科研实力,但通过"学习经验"和"组织能力"依然提高了其技术进步,形成了自己的竞争优势。并且通过技术的不断积累,发展中国家的技术实力不断提升,使得其产业实现了升级。发展中国家的技术进步和产业的升级促进了其对外直接投资,并且影响了其对外直接投资的产业分布和地区分布;此外,发展中国家企业随着跨国经营经验的积累,其技术积累又会得到加强,进而进一步优化其产业结构。

鉴于技术和对外直接投资的相互作用,坎特威尔和托兰惕诺提出,发展中国家对外直接投资的产业分布和地理分布会随着技术的不断进步和跨国经营经验的积累逐渐发生变化。他们认为,发展中国家的国内产业结构和技术水平会对其企业的对外直接投资产生影响。从产业分布上来看,其先以自然资源开发为主,后以进口替代和出口导向为主。从对外直接投资的地理分布来看,其先选择离本国较近的周边发展中国家进行投资,之后向其他发展中国家扩展,最后随着技术的逐步积累,本国产业结构发生了巨大变化,工业化程度提高,开始向发达国家进行投资以获得更先进的制造业技术。

坎特威尔和托兰惕诺的技术创新升级与产业升级理论解释了 20 世纪 80 年代兴起的新兴工业化发展中国家对外直接投资的决定因素。他们认为,技术创新是对外直接投资的决定因素,技术积累是内在动力,随着技术提升本国产业结构水平,发展中国家的对外直接投资从资源依赖向技术依赖发展,并且投资地区从发展中国家向发达国家转变。该理论对发展中国家如何提升产业结构水平和加强本国的国际竞争力具有普遍的指导意义,受到了西方学术界的高度评价。

(七)新新贸易理论和对外直接投资

传统贸易理论和新贸易理论的研究都是基于企业是同质的假设,以国家和产业层面的宏观数据为研究对象而进行。采用 Hopenhayn(1992a)的垄断竞争动态产业模型,Melitz(2003)在研究中首次将企业异质性引入国际贸易研究领域,认为企业是存在差异的,同时也将研究对象从国家和产业层面细化到企业微观层面。Melitz 用企业的动态产业模型来分析国际贸易对产业内贸易的影响,其证明了贸易使得生产率最低的企业退出市场,生产率较低的企业服务国内市场,而生产率最高的企业进入国际市场进行出口。不仅如此,贸易还导致了资源向生产率最高的企业转移,由于资源向生产率更高的企业转移,生产率低的企业被淘汰,引致整个产业的生产率增长,这样贸易就引起了社会福利的增加。后来学者将关于异质性企业的贸易模型理论称为"新新贸易理论"。

自 Melitz 将企业异质性引入对国际贸易的研究之后,经济学家开始将这一研究成果进行拓展,Helpman、Melitz 和 Yeaple(2004)将企业异质性引入对企业对外直接投资的研究,分析企业异质性在对外投资、贸易和国内生产三者决策中的影响。该研究认为,部门内企业生产率的差异决定了企业是进行国际贸易还是对外投资。首先,只有生产率高的企业才能开展跨国经营活动,而进行对外投资活动的企业必须是生产率最高的企业,生产率较高的企业出口,生产率较低的企业只服务国内市场或者退出市场。与国内生产相比,对外直接投资和出口要求企业的生产率更高一些,这是因为,对外直接投资需要企业投入固定成本,如厂房的建设、机器设备的购置,而企业出口需要支付的是可变成本,如营销成本、营销渠道的建立等。因此,与国内生产相比,对外直接投资和出口要求企业具备更高的生产率才有能力获得利润以弥补成本。

二、对外直接投资的中观理论

(一)产品生命周期理论

美国哈佛大学教授雷蒙德·弗农(Raymond Vernon)于1966 年在《产品周期中的国际投资与国际贸易》一文中首次提出产品生命周期理论(theory of product life cycle),这也是学界第一次将市场营销学的理论应用于国际贸易。弗农认为,产品具有不同的生命周期,在产品生命周期的不同阶段,一个国家的进出口商品结构是不同的。他从动态的角度阐释了国际贸易的变化,并且将国际贸易和国际投资结合起来进行研究。产品创新阶段、产品成熟阶段和产品标准化阶段是产品的生命周期所经历的三个阶段。

在产品的创新阶段,企业需要投入大量的研发费用,这一时期产品表现为技术密集型。处在这一时期的产品先是在技术领先的国家研发出来,之后新产品在国内投入生产,满足国内市场的需求,同时出口到与创新国收入水平相近的国家和地区,满足国外市场的需求。

处在成熟阶段的产品表现为资本密集型,这一时期的技术投入费用大幅度下降,而资本和管理要素投入增加,需要投入高级的熟练劳动力。随着科学技术的发展,生产创新产品的企业不断增加。随着产品的出口,技术开始外溢,国外市场开始出现大量的仿制品。这时,国内企业考虑进行对外直接投资以降低成本。弗农认为,企业通过 OFDI 利用当地的各种廉价资源、降低企业的成本、巩固和扩大市场。

处于产品标准化阶段的产品表现为劳动密集型,技术投入更加减少,产品的技术趋于稳定,主要是劳动力的投入,资本要素的投入不是很重要。由于技术和产品标准化,竞争更趋激烈。为了降低成本,企业的生产将从发达国家转向发展中国家。这样创新国家的技术优势丧失,开始进行新一轮的发明创造。

弗农的产品生命周期理论揭示出了美国对外直接投资的实质,美国企业通过创新向世界其他国家出口自己有优势的产品。随着技术的外溢,国外企业竞争日趋激烈,为了降低成本,美国企业开始到国外进行直接投资,以利用国外低廉的生产成本。美国将逐渐丧失竞争优势的产业转移到国外,并开始为本国进入新一轮的产品创新做准备。

(二)边际产业扩张论

20 世纪 60 年代后期 70 年代初期,日本的海外直接投资呈快速扩张态势,日本的海外投资能否持续进行以及投资对日本和东道国的影响成为这一时期日本国内研究界的核心。日本经济学家小岛清(K. Kojima)认为,与发达国家美国相比,日本的对外直接投资有自己明显的特点。与美国相比,日本的对外直接投资产业是在日本国内即将丧失或者已经丧失比较优势的部门,这些投资主要分布在自然资源开发和劳动力密集型行业,而美国进行对外直接投资的企业属于本国具有比较优势的行业或者部门,主要是制造业部门。其次,美国的对外直接投资主体是具有先进技术的跨国企业,日本以中小企业为主,而且所投资东道国的生产要素比较适合日本的对外投资。最后,美国由于是将自己具有比较优势的产业投资到国外,投资与国际贸易互为替代,削弱了自己的比较优势和出口收入;而日本是将本国比较劣势的产业投资到在东道国具有比较优势的产业,这种投资会引致国际贸易量的增加,此投资是贸易创造型的,对日本和东道国都是有好处的。

根据日本对外直接投资的特点,小岛清(K. Kojima)基于 H-O 理论框架进行研究,于 1978 年提出边际产业转移理论。边际产业论的研究视角是国际分工,人们把这一理论称为"日本模式对外直接投资",它与当时占统治地位的美国 OFDI 模式有很大的区别。按照小岛清的理论,日本的 OFDI 应该从本国即将处于或者已经处于比较劣势的产业依次进行,使日本国内的产业结构更加合理,而且投资后又可以利用东道国廉价的资源和劳动力继续给企业创造利润。与大企业相比,中小企业更适合在日本的对外直接投资中担起重任,这是因为日本对外直接投资的企业与东道国的技术差距越小,越有利于东道国技术溢出的吸收,而且与东道国的生产要素也会比较匹配,比较适合东道国的环境,可以促进东道国劳动密集型产业的发展,受到东道国的欢迎,在东道国找到立足点。

小岛清的边际产业扩张理论相对于之前经济学家以企业为研究对象的垄断优势理论前进了一步,其以产业为研究对象,对外直接投资的优势是建立在比较优势的基础上,弥补了原有的直接投资理论只解释发达国家的状况,这为以后的研究开辟了新的思路。该理论被学界认为是发展中国家对外直接投资理论的典范,揭示了发展中国家对外直接投资的原因,所分析的日本早期的对外直接投资对之后的发展中国家来说,具有很大的借鉴意义。

(三)一体化国际投资发展论

包括邓宁在内,许多学者对邓宁国际投资发展阶段论进行了修改和完善,其中最具有代表性的是日本学者小泽辉智(Ozawa Terutomo,1992)提出的一体化国际投资发展论,该理论强调世界经济结构对经济运行特别是对投资的影响。

小泽辉智认为,世界经济结构有这样一些特征:每个国家国内的供给者和需求者是不同的,存在着差异;企业是市场的主体,是各种无形资产的创造者和交易者;世界各国的经济发展水平存在着差异,阶梯结构明显,而且各国的经济结构发展具有阶段性和继起性的特点;各国政府的政策中有从内向型向外向型转变的趋势。小泽辉智认为,这其中经济发展水平和经济结构升级最为重要,这是因为经济发展水平决定了一个国家利用外资和对外直接投资的形式和速度,而产业结构升级是利用外资和对外投资经验的积累。迈克尔·波特在国家竞争优势理论中提出,一国经济地位上升的过程就是其竞争优势加强的过程,要素驱动阶段、投资驱动阶段、创新驱动阶段和财富驱动阶段是国家竞争优势依次发展的四个阶段。

根据世界经济结构的特征,小泽辉智认为世界各国的经济发展水平是参差不齐的,呈阶梯形,而这就给发达国家向发展中国家转移知识和技术提供了机会,同时也给发展中国家赶超发达国家提供了机会。参照迈克尔·波特的国家竞争优势理论,小泽辉智提出发展中国家的对外直接投资会经过四个阶段的转换,分别是:吸引外国投资阶段、引进外资和输出对外直接投资的转型阶段、劳动力主导的对外直接投资向技术主导和贸易主导对外直接投资转型的阶段、资本密集型引进和输出的对外直接投资的交叉阶段。小泽辉智得出结论,发展中国家对外直接投资必须结合工业化战略,发挥自己的比较优势,以比较优势为基础、以出口导向为战略,将比较优势、本国经济发展和对外直接投资三者相互联系起来,进行有机结合,以对本国经济结构优化和产业竞争力的提高产生积极的推动作用。

小泽辉智的一体化国际投资发展论将对外直接投资划分为不同的阶段,以动态的比较优势来分析对外直接投资的决定因素和对外直接投资的模式选择。这一理论对发展中国家的经济发展和对外直接投资具有很强的指导意义。

三、对外直接投资的宏观理论

(一)投资发展周期(IDP)理论

在国际生产折中理论的基础上,邓宁(1981)提出了著名的投资发展周期理论。该理论从动态的角度解释了一个国家的经济发展水平和国际投资之间的关系,认为一国的OFDI规模和该国的经济发展水平存在密切的关系,也就是人均GNP越高的国家,其对外直接投资净额也就越大。邓宁将对外直接投资划分为四个阶段,后来根据对外直接投资发展的新形势,邓宁对之前的投资发展周期理论进行修正,并提出了第五个阶段,具体见图2.1。

第一阶段(人均GNP<400美元),处于该阶段的国家在区位上处于劣势,这样很难吸引FDI,在此阶段的国家只有小规模的外资流入。

第二阶段(400美元≤人均GNP<2000美元),处于该

阶段的国家购买力有所增强,跨国公司开始在本国生产产品,并且在本地销售或者出口。

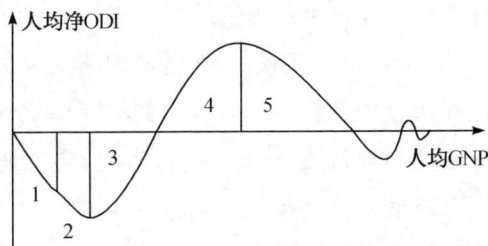

图 2.1 邓宁的投资发展周期五阶段

第三阶段(2000 美元≤人均 GNP＜5000 美元),在此阶段,国家的净对外投资额仍处于负值。

第四阶段(5000 美元≤人均 GNP＜10000 美元),处于该阶段的国家其 OFDI 和 IFDI 数额基本相当,或者 OFDI 大于 IFDI。此时,该国的企业有能力与跨国企业进行竞争并且向海外扩张。

第五阶段(人均 GNP≥10000 美元),处于该阶段的国家,其净投资额将围绕图 2.1 的横轴上下摆动。在五个阶段后的发展阶段,邓宁认为在投资发展周期的某一时点后,GNP 对投资发展阶段的影响力会逐渐减弱。

第二节 对外直接投资影响因素的文献综述

一、国外研究现状

鉴于本书从母国和东道国的角度研究中国的对外直接投资,本节从母国的视角对影响中国对外直接投资的因素进行梳理和述评。

（一）母国的经济发展水平

有关对外直接投资决定因素的研究中,经济发展水平一直以来是国内外学者广泛认可的决定因素之一(梁莹莹,2014)。邓宁(1981)对自 1967 年至 1978 年 67 个国家的对外直接投资流量和经济发展水平进行研究,实证研究表明,对外直接投资流量和经济发展水平在一定阶段内呈正相关的关系。根据对外直接投资净额和人均国民收入的关系,邓宁将一国经济发展划分为四个阶段,后来扩展到五个阶段。但邓宁的理论也受到学者们的质疑,Tolentino(1993)研究发现,当一国经济发展水平较低时,对外直接投资和经济发展水平的关系变得不显著。国内学者李辉(2007)利用 55 个国家和地区的数据,验证了经济发展水平对对外直接投资的正向作用。Wladimir(2002)以经济转型国家为研究对象,在控制了相关变量后,研究发现,母国的经济发展水平是其对外直接投资的决定因素。由于研究对象的样本选择不同,样本选取为发达国家或者发展中国家;对外直接投资数据的选择不同,选用流量或者存量数据,使得经济发展水平与对外直接投资水平的关系不明确,但可以肯定的是,一国的经济发展水平对其对外直接投资具有重要的决定作用。

（二）制度因素

以发达国家跨国公司为研究对象的对外直接投资理论不能直接用来解释发展中国家的对外直接投资。Blonigen(2005)认为,制度质量是对外直接投资活动一个重要的决定因素,对于欠发达国家来说更是如此。企业的跨国经营活动不仅受到母国制度环境的制约,更会受到东道国制度环境的影响。这是因为制度为市场活动建立了行为准则,所有参与其中的企业必须受此准则的约束。North(1990)、Dunning和Lundan(2008)开始将制度因素纳入企业的跨国经营活动中进行研究,为理解跨国公司提供了全新的视角。制度因素对企业对外直接投资的决定作用逐渐受到越来越多学者的关注,因为相比于发达国家的对外直接投资,发展中国家的对外直接投资更会受到本国制度、政策等方面的影响,当政府的政策和制度存在空缺时,更有可能会成为企业在对外直接投资中的优势。此外,Khanna等(2006)认为,相对于发达国家的企业而言,发展中国家政府制定的强有力的对外直接投资支持政策,会形成发展中国家企业独特的竞争优势。Helpman(2004)认为,企业的每一个对外直接投资项目都需要建造或者购买生产设施,而这都需要投入大量的固定成本,再加上对外直接投资活动面临的额外风险,使得企业要为对外直接投资活动进行更多数量和更高成本的融资,因而,企业的对外直接投资活动更容易受到资金的影响。Buckley(2004)和Eller等(2006)的研究发现,中国资本市场是不完全的,这种不完全意味着资本市场可以给企业提供较长时间的低于市场利率的资本。进一步的研究表明,国有企业可以获得低于市场利率的资本(Lardy,1998;Warner et al.,2004)。由于对外直接投资需要企业有雄厚的经济实力,Antkiewicz和Whalley(2006)研究后发现,中国的银行系统缺乏效率,银行会给潜在的对外直接投资企业提供贷款,这也使得中国的对外直接投资增加。综合性的大公司自身拥有内部资本市场,虽然缺乏效率,但可以有效地为企业的对外直接投资提供资助,以此提升了中国企业对外直接投资的水平(Liu,2005)。对于民营企业的对外直接投资,

Child 和 Pleister(2003)以及 Erdener 和 Shapiro(2005)研究后发现,其资金支持通过家族成员的廉价资本获得。从国外学者的研究中,我们可以看出,由于中国金融市场的不发达,企业在解决对外直接投资的资金困境时,带有中国特色。

(三)企业的所有权优势

一般理论界用邓宁的国际生产折中理论(OIL)来分析企业对外直接投资的区位选择和产生原因,也有学者运用该理论解释企业开展对外直接投资决定因素的理论依据。Moon 等(2001)对拉美国家企业的对外直接投资进行研究发现,这些企业进行对外直接投资的决定性因素是企业拥有的技术、国家所有权、国际化和联盟的经验等内在独特的所有权优势。海默认为在同一产业,企业间的能力是不同的,企业所拥有的特殊能力使得企业不仅优于国内的同行业企业,而且企业在国外从事生产也是有利可图的,这是因为企业所拥有的垄断优势,比如技术等使企业可以抵消东道国诸如法律、语言、歧视等多方面的障碍,从而实现对外直接投资。Len 等(2000)运用美国 50 个跨国企业 15 年的横截面数据进行实证研究,结果表明,在控制公司规模、汇率等变量的情况下,一个企业是否进行对外直接投资与其技术、管理水平有很强的正相关关系。

(四)母国的治理基础

一个国家的经济表现在相当大的程度上决定于其政治、法律、制度环境。国家治理基础建设对 FDI 流入与流出来说是一个重要的决定因素(项本武,2005)。Kaufmann 等(1999)发展出包含制度和政策各方面的六个指数来测度治理基础。Goberman&Shapiro(2002)的研究认为,一国对治理基础如教育的投资不仅可以吸引资本的流入,而且通过国内环境的逐步改善,国内的跨国公司可以成长壮大,进而有实力进行对外直接投资,进一步的实证结果表明,GII(Governance Infrastructures Index,治理基础设施指数)是一国对外直接投资关键性的决定因素。

(五)贸易效应

弗农(Vernon,1966)认为,贸易与对外直接投资二者为相互替代的关系,而 Helpman(1984)和 Markuson(1985)的研究认为,贸易和对外直接投资是一个连续的过程,企业的国际化过程是不断尝试的过程,企业可能通过出口服务外国市场,出口一段时间之后,如果企业发现赚得的利润不足以弥补贸易成本,则企业将退出外国市场;如果利润不是很高,则企业会继续出口;如果利润足够高,则企业会支付固定成本进行对外直接投资而降低其可变成本。出口和对外直接投资是连续的过程,跨国公司通过出口积累了对东道国市场的知识,继而在东道国进行投资(Johanson&Vahnle,1997)。Leichenko 等的研究表明,美国制造业跨国企业对外直接投资的增加提高了企业的效率和生产率,引起了总出口的增长。在北美自由贸易区成立后,对美国和墨西哥贸易的研究发现,两国间的对外直接投资引起了贸易的迅猛增长,同时贸易的增长也引起了美国对墨西哥进一步的对外直接投资。

国家间贸易发展的不平衡会引致进口国的贸易保护,较高程度的贸易保护会带来出口企业成本的增加,为了规避进口国的贸易壁垒,出口国的出口企业可能在国外直接投资,从而以对外直接投资代替贸易。目前可能由于数据的不可获得性,对贸易摩擦对对外直接投资影响的实证研究较少。而且现有的研究结果也是不一致的。发展中国家的跨国公司开展对外直接投资带有规避关税壁垒的动机(Blonigen,2002)。

二、国内研究现状

传统的对外直接投资理论认为对外直接投资的动机为市场寻求型的对外直接投资、效率寻求型的对外直接投资和资源寻求型的对外直接投资,Dunning(1977,1993)。越来越多的学者认为,邓宁提出的三大投资动机理论适合解释发达国家的对外直接投资行为,而在解释发展中国家的对外直接投资时需要对该理论进行特殊的运用。例如,在对中国对外直接投资进行研究时,学者们发现,中国企业的对外直接投资行为在很大程度上受到政府政策的影响。通过审批制和外汇控制,政府当局可以根据国家的目的指导对外直接投资的流向(Cheung 和 Qian,2009)。

对于中国 OFDI 制度方面的研究,陈岩等(2012)运用制度调节变量的研究方法进行研究发现,制度对对外直接投资的影响存在着地区差异,制度通过调节作用促进了不同类型的资源在对外直接投资中的作用。郑展鹏、刘海云(2012)运用省际面板数据,分析制度和 OFDI 的关系。研究发现,经济制度和法律制度与我国的对外直接投资水平呈正相关关系。

于超、葛和平和曹家和(2011)利用 2003—2009 年间中国 25 个省市的面板数据进行实证研究,结果表明:人均国内生产总值、对外出口与中国对外直接投资存在显著的正相关关系,技术能力对中国对外直接投资的影响并不是十分显著。

祁毓和王学超(2012)选取了 2003—2009 年中国和 152

个东道国的面板数据,实证考察了东道国劳工标准,包括发达国家和发展中国家的劳工标准,对中国对外直接投资的影响,结果表明:中国的对外直接投资总体上更倾向于流入低劳工标准的国家,而发达国家和发展中国家的劳工标准对中国对外直接投资的影响截然不同,发达国家的高劳工标准和发展中国家的低劳工标准分别吸引了中国的对外直接投资,同时研究发现,中国的对外直接投资有向低劳工标准国家集聚的趋势。

温磊(2013)使用 2003—2010 年中国 30 个省市的非平衡面板数据,研究了影响中国对外直接投资的决定因素,实证结果表明:电力消费、出口、实际人均 GDP、实际人均工资和通货膨胀率的增加会促进中国的对外直接投资;外商直接投资与中国对外直接投资之间呈现微弱正相关关系;汇率水平与中国对外直接投资呈负相关。

第三节　对外直接投资区位选择的文献综述

根据研究的目的,本节从东道国的视角对影响中国对外直接投资区位战略选择的文献进行梳理和述评。与国内企业相比,跨国企业在东道国或者地区经济发展的过程中起着非常重要的作用,跨国企业可以为当地创造更多的就业机会,与当地中小型企业进行业务往来促进其发展,为东道国引入先进的技术、技能和资本(Castellani and Zanfei,2006)。因此,理解跨国企业区位选择的决定因素一直以来是理论研究和实证研究关注的焦点和研究的核心(Basile R. and Kayam S.,2015)。

一、国外研究现状

(一)区位选择模型进展

对外直接投资区位选择的模型比较早期的是 Markusen (1984)和 Helpman(1984)构建的模型。Markusen(1984)构建了基于两国的一般均衡模型,认为对外直接投资是由市场寻求引致的,当东道国的贸易壁垒较高时,投资对贸易来说是替代作用,Markusen 把这种投资称为水平型投资。水平型投资虽然规避了贸易成本或者出口成本,但跨国企业却要面临新建生产企业的成本。Helpman(1984)构建了基于两国的一般均衡模型,认为跨国企业对外直接投资的目的是追求东道国廉价的要素,比如廉价的劳动力、自然资源等,Helpman 将其称为垂直型对外直接投资。后来的学者将两国模型的条件进行放松,构建多国一般均衡模型。Yeaple (2003)、Bergstrand 和 Egger(2007)构建了出口平台对外直接投资模型,该模型认为,由于贸易摩擦的存在,跨国企业在东道国进行投资,再将东道国生产的产品拿到第三国市场上进行销售以规避贸易壁垒。

对外直接投资区位理论最具代表性的是 Dunning 的国际生产折中理论,Dunning(1997)提出的"OLI"理论认为,所有权优势(O)、区位优势(L)和内部化优势(I)是企业进行跨国投资的原因。邓宁认为,所有权优势包括企业拥有的有形资产,比如规模经济、获得东道国原材料或者市场的便利程度;区位优势包括东道国的市场规模、劳动力市场、基础设施与东道国的距离;企业通过内部化将自己的所有权优势保留在跨国公司内部,而不是将其出售或者特许经营。在邓宁 OLI 理论之前,Krugman 于 1983 年构建了就近理论模型

(proximity-concentration model)。Krugman 认为,企业在进行区位选择时会考虑消费者就近集中生产以最大限度地进行规模生产。在邓宁生产折中理论的基础上,Markusen于 1998 年构建了知识—资本模型(knowledge-capital model),对 OLI 理论进行了拓展。他认为,企业进行对外直接投资除了有形资产还应当包含人力资本、专利、蓝图、商标、品牌和商誉等无形资产。Markusen 认为,与有形资产相比,无形资产在对外直接投资中更容易随着有形的资本转移到东道国。Chudnovsky 等(2000)、Daniels 等(2007)和 Goh等(2011)在考察了企业的对外直接投资后认为,市场导向型的企业会选择寻求庞大的东道国市场进行投资,如果投资遇到障碍,则会选择临近大市场的国家或者地区进行投资以能更方便地进入目标市场。Tolentino(2010)、Kolstad 和 Wiig(2012)等在考察区位优势时发现,对于成本导向型的企业,其在对外直接投资过程中更倾向于考虑东道国的劳动力成本、运输成本等,同时也会考虑技术和原材料的获取难易程度等因素。

(二)东道国的经济发展水平

东道国市场的经济发展水平,包括用国民生产总值或者人均国民生产总值(GNP 或者人均 GNP)测度的东道国市场规模,大量的研究表明,东道国的市场规模是对外直接投资的决定因素(Scaperlanda 和 Balougn,1983;等等)。后来,学者们用市场规模增长率(Dunning,1997;Summary,1995;Barrell 等,1996)作为衡量东道国市场的变量,发现对对外直接投资有显著的影响。与 GNP 或者 GDP 总值只能反映东道国经济总量和人口规模不同,Gerlowski 等(1994)学者认

为,东道国的市场潜力也是吸引对外直接投资的重要因素之
一。人们一般用总人口和购买力等衡量东道国的市场潜力,
跨国企业通过预期一些大市场的规模经济和边际成本而在
市场上获利。Schneider 和 Frey(1985)的研究发现,与实际
GNP 增长率、实际通货膨胀率、劳动力成本(工资)和教育水
平等影响一国对外直接投资的重要因素相比,人均实际
GNP 是发展中国家对外直接投资的重要决定因素。日本的
企业在 20 世纪 80 年代遭遇到美国的关税和非关税壁垒,由
于美国的市场规模庞大,因此吸引了日本的企业到美国进行
对外直接投资。20 世纪 90 年代,Moore(1993)、Wang 和
Swain(1995)等学者对特定国家和地区进行研究之后也发
现,实际 GDP 作为东道国市场规模的代理变量对对外直接
投资具有显著的决定作用。Root 等(1979)对发展中国家的
研究也证明了对外直接投资和经济总量呈正相关的关系。
而 Wheeler(1992)等的研究表明,当对外直接投资是出口导
向型时,东道国的市场规模对对外直接投资的影响变得不显
著,这是因为跨国企业投资的目的是获得当地的原材料和劳
动力等生产要素。Markusen(1999)等的一系列研究为水平
型和垂直型的国际生产提供了动机分析,认为东道国的市场
规模对跨国企业的子公司来说非常重要。Root(1979)等的
研究表明,GDP 的总量对对外直接投资的影响不显著,而
GDP 的增长率对发展中国家的对外直接投资是重要的决定
因素。从学者们的研究结果中我们知道了对于发展中国家
对外直接投资的研究结果较为复杂,这可能是由于发展中国
家间的发展极不均衡,导致研究结果也有差异。Summary
(1995)在总结对发达国家和发展中国家的研究后发现,大多
数的实证研究结果显示,东道国的市场规模对于对外直接投

资的影响在发达国家比在欠发达国家、发展中国家和新兴的
工业国更为显著。

（三）东道国的劳动力成本

东道国劳动力成本的优势与邓宁的 OIL 理论中的区位
优势决定理论有类似之处,东道国的劳动力成本是否有优势
决定了其对外直接投资的引入。东道国是否能吸引更多的
对外直接投资不仅取决于其经济发展水平,而且劳动力是否
具有成本优势也是其能否引进外资的决定因素(张为付,
2008)。劳动成本差异是对外直接投资的一个重要决定因
素。然而,邓宁在其 1996 年的研究中发现,母国和东道国劳
动成本的差异只有在劳动密集型和出口导向型部门的对外
直接投资中才具有决定影响,而在其他部门对对外直接投资
没有显著影响。此外,Buckley(1976)、Lipsey(1982)等学者
研究发现,在众多影响对外直接投资的因素中,劳动力成本
是影响对外直接投资最不显著的决定因素。Wheekler 和
Mody(1992)等经济学家研究了 20 世纪 70 年代和 80 年代
投资于发展中国家的对外直接投资,研究发现:劳动力成本
差异是决定对外直接投资的重要决定因素之一。Summary
(1995)研究美国的对外直接投资也得出相同的结论。Froot
(1991)研究 20 世纪 80 年代日本对美国的投资,其中日本工
人和美国工人相对工资的差异是日本开展对美国直接投资
的决定因素之一。Thomsen(1991)研究瑞典的对外直接投
资发现,瑞典的对外投资流向劳动力成本相对较高的国家。
Buckley 和 Dunning(1976)的研究发现,美国和英国工人工
资的差异对美国对英国对外直接投资的流动没有显著的
影响。

（四）东道国的自然资源、战略资产、劳动力和制度

X.Zhang 等(2011)研究了中国的对外直接投资发现,中国的对外直接投资流向了与中国有大量贸易的国家、人均 GDP 高、GDP 增长率快的国家以及自然资源丰富的国家。Buckley 等(2007)的研究发现,中国的对外直接投资主要是资源寻求型的,1992 年至 2001 年,这一时期中国的对外直接投资流向了资源丰富的国家,研究还发现:中国的对外直接投资流向了制度监管较差的国家,即政治风险较大的国家。在 Buckley 等研究的基础上,Ivar Kolstad 等(2013)使用中国实际的对外直接投资数据发现,中国的对外直接投资流向了市场较大的国家、自然资源丰富的国家和制度较差的国家;流向市场较大的国家为 OECD 国家,通过引入制度和自然资源的交叉项,研究发现:制度越差的国家,中国在该国针对资源的投资越多。Wang(2015)考察了中国对外直接投资的动机和战略选择,他认为,中国的 OFDI 不同于发达国家的 OFDI,发达国家开展的对外直接投资主要是到发展中国家寻求廉价劳动力和原材料。而中国的 OFDI 具有明显的战略资产寻求动机,包括寻求技术、管理技巧等,国家所有权构成了中国企业 OFDI 独有的所有权优势（O）,中国的 OFDI 受母国和东道国制度环境的影响。

二、国内研究现状

蒋冠宏和蒋殿春(2012)通过运用 2003—2009 年间中国对全球 95 个国家的对外直接投资数据发现,中国的 OFDI 有市场、自然资源和战略资产寻求动机,在分国家的检验中发现,中国对于发展中国家的投资有市场和资源寻求动机,

对于发达国家的投资,中国投资有战略资产寻求动机。

阎大颖(2013)利用 148 家中国跨国企业在境外的 600 余个分支的数据研究中国对外直接投资的区位选择决定因素,研究发现:东道国的经济制度质量、市场潜力、廉价劳动力、自然资源和战略资产禀赋对中国的对外直接投资有较强的吸引作用;此外,东道国的服务业发展水平、基础设施和对外资的开放度对对外直接投资有较强的影响。

徐旸懋和姜建刚(2014)利用中国上市公司海外投资的数据,实证检验了东道国的制度环境对中国对外直接投资的影响,研究发现:东道国的法制化程度促进了中国的对外直接投资,但东道国的民主化程度对中国的对外直接投资具有阻碍作用。

王永钦、杜巨澜和王凯(2014)利用中国 2002—2011 年间在全球的 842 笔对外直接投资数据,研究了东道国的制度性因素、税收因素和自然资源因素对中国对外直接投资区位选择的影响。研究得出结论:中国的对外直接投资企业不太关心东道国的政治制度和政治稳定度,而更关心政府的效率、监管质量和腐败控制,同时,中国的企业倾向于避开法律体系严格的国家,存在较为明显的避税和获取资源的动机。

李优树等(2014)利用 2003—2011 年间的数据,采用聚类分析法将 66 个东道国进行分类,实证检验了东道国市场规模、自然资源禀赋、东道国政治风险、东道国金融因素,主要研究汇率和通货膨胀率对 ODI 的影响,与东道国的贸易往来。当出口量较大时,企业一般会选取在东道国直接投资建厂,东道国投资环境、东道国主动保护投资者的利益会吸引更多的投资者前来投资。

余官胜、林俐(2015)运用浙江省微观企业数据,通过构造二值选择模型,利用浙江省在某东道国的 OFDI 项目数量度量在该国的海外集群状况。通过研究发现,企业海外集群是东道国吸引新晋企业对外直接投资的重要区位优势,通过进行稳健性检验,结论依然保持不变,并且无论是发达国家还是发展中国家,企业海外集群作为吸引新晋企业对外直接投资的正向影响均保持不变。

赵蓓文(2015)在对中国企业对外直接投资现状进行剖析的基础上,指出中国对外直接投资的区位选择出现了新的特点,由于非洲国家对资源寻求型的投资审查日趋严格,非洲地区的传统优势不再,从而出现分化现象;由于拉美国家吸收外资的政策逐渐开放,对拉美地区的投资规模迅速增大,在拉美地区的投资势头良好;欧美实施的"再工业化战略"使得欧美国家逐渐成为中国的投资目的地,保持了逐步稳定的上升趋势;新兴经济体开始受到中国企业的青睐。

邓新明、许洋(2015)利用 2003—2012 年间中国对 71 个国家(地区)的对外直接投资面板数据进行研究发现,东道国较好的制度环境和双边投资协定均能够促进中国的对外直接投资。

第四节　简要述评

以海默、巴克利、卡森、拉格曼和邓宁为代表的经典的对外直接投资理论形成于 20 世纪 60 年代,成熟于 1980 年代,这一时期的 OFDI 理论的成长背景为西方发达国家跨国公司的对外直接投资现实状况,此时,现代意义上的企业跨国管理刚刚起步,相应的知识存量还很缺乏。这一时期,世界上的很多国家,尤其是第三世界国家,开放度很小,基本处于闭关锁国的状态,世界被政治制度和各国的各种经济制度分割成了若干个小市场。随着时代的变迁以及发展中国家企业日益增多的对外直接投资,发展中国家在对外直接投资中并不具备西方发达国家的各种优势,因此,经典的 OFDI 理论在解释以中国为代表的发展中国家的 OFDI 实践上缺乏解释力度。经典 OFDI 理论的研究对象为发达国家企业的对外直接投资行为,这意味着,企业的对外直接投资行为完全是纯粹的企业行为。田泽(2008)认为,发达国家企业的行为既不会受到母国经济环境和政策的鼓励作用影响,也不会产生约束,OFDI 是一种企业行为。在发达国家,母国对企业行为的影响是间接的、内生性和根本性的,这种影响已经形成一种国家的特定优势,经过较长的时间后会内化为企业的优势。因此,就发达国家的对外直接投资而言,企业与国家是相互独立的。相反,新兴市场国家经常干预本国的社会经济发展,比如中国为了实现资源的安全供给和国内产业结构升级,通过制定相关政策和提供各种支持,对本国企业的对外直接投资提供了直接支持。这些直接支持行为,同一般意义上的国家特定优势相比,是直接的、外生性的和支撑性的,构成了企业自身优势之外的额外优势,而由此很可能催生了新兴市场经济体大规模对外直接投资的出现(宋泽楠,2014)。综上所述,经典的对外直接投资理论在解释发展中国家的 OFDI 行为时存在时代异质性和国家异质性的不足。

之后,学者针对发展中国家的对外直接投资进行了理论探讨,这些理论对于发展中国家的对外直接投资行为具有较强的解释力,同时对于发展中国家通过对外直接投资参与国际竞争具有普遍的指导意义。但这些理论也存在一些不足。刘易斯·威尔斯的小规模技术理论属于技术被动论,其优势仅仅来自企业小规模生产技术的使用,将发达国家成熟淘汰的产品进行生产,这可能会导致发展中国家在国际生产体系中被边缘化;此外,对于发展中国家企业进行的高新技术产业的 OFDI 行为以及发展中国家日益增长的对发达国家的逆向投资现象,该理论都无法作出解释。弗农的产品生命周期理论认为,对外直接投资与贸易互为替代,而从目前大量的实证研究来看,对外直接投资和国际贸易的关系是不确定的。小岛清的边际产业扩张理论存在一定的局限性,只能解释发达国家和发展中国家间的垂直型对外直接投资,无法解释日本产业结构升级后 1980 年代的对外直接投资。

针对对外直接投资影响因素和区位选择的研究,学者们主要是在邓宁国际生产折中理论的框架下进行研究。学界基本认同母国和东道国的经济发展(用 GDP、人均 GDP 或者 GDP 的增长率度量)对 OFDI 具有正向的影响。对外直接投资受母国国内经济发展、劳动力成本、自然资源、技术等因素的影响,具有市场寻求动机、效率寻求动机、资源寻求动机等。由于学者们在研究时所使用的样本不同,在结果上可能会出现差异,甚至得出相反的结论,比如,对于中国对外直接投资是否具有效率寻求动机,已有研究得出的结论大相径庭。本书在现有研究的基础上,针对中国对外直接投资的现状,对现有理论研究和实证研究进行补充。

第五节　本书的系统性研究框架

根据传统的对外直接投资理论,发达国家的企业因拥有先进的技术、管理等所有权优势而进行对外直接投资,在全球范围内配置资源,以获取发展中国家的廉价劳动力、自然资源等生产要素,实现企业的利润最大化。与发达国家的对外直接投资不同,作为后起的发展中国家,其对外直接投资很大程度上受本国政府和国内制度环境的推动作用的影响(Deng,2013;Child J.& Marinova S.,2014)。已有的研究表明,发展中国家的对外直接投资既有发达国家 OFDI 的共性,也存有自己对外直接投资的特点。中国作为全球最大的发展中国家,其对外直接投资与发达国家和其他发展中国家相比,既有共性也有自己的独特之处。共性表现在:

1.与众多发展中国家一样,中国企业的对外直接投资很大程度上受到本国政府的支持。

2.企业想要通过对外直接投资,避开国内的来自全球相关行业企业的竞争压力。

3.市场环境的快速变化以及世界经济的边界越来越模糊,迫使企业必须融入全球经济。

4.发展中国家作为全球 OFDI 的后发进入者,企业缺乏核心竞争力。

从中国对外直接投资的现状和已有对中国对外直接投资的文献来看,中国的对外直接投资也表现出了自己的特点:

1.中国的对外直接投资具有较为明显的资源寻求和战

略资产寻求动机(Wang Y.,2015)。

2.国家所有权可能是企业对外直接投资中拥有的一种特殊的所有权优势。

3.企业,尤其是国有企业,可以从国家获得廉价的资本而进行对外直接投资。

中国作为最大的发展中国家,其国内出现的一些现象也有别于其他国家,具有自身的特点,而这些因素也可能对对外直接投资产生影响。

4.自1978年起中国开始从计划经济体制向市场经济体制转变,到现在中国仍然是继续经历从计划经济向市场经济转轨的国家。

5.我国处于经济转轨时期,这一时期国家的执法力度远远落后于立法水平,虽然我国的立法已处于相对完善的阶段,但长期存在的知识产权侵权问题反映了我国的执法力度相对落后。

6.中国经济运行的最大问题是政府干预要素市场,特别是金融市场,从而造成了我国严重的金融扭曲和金融抑制。

7.进入21世纪,中国的人口结构趋于老龄化逐步显现,并且这种趋势呈现出加速的势头。

针对中国对外直接投资的特点,目前关于中国OFDI决定因素的研究,学者们根据自己的研究目的使用了各种不同的理论模型。这些模型中有Dunning的投资发展路径(IDP)理论;一般跨国企业理论,该理论认为企业的对外直接投资是市场寻求型、自然资源寻求型、战略资产寻求型和要素寻求型。研究对外直接投资应该选用何种模型,Faeth(2009)认为,不同理论之间的关系并不是相互替代的,而是对同一现象的不同方面做出的解释,因此,她认为 OFDI 不应当由某一单一的理论进行解释,而应对不同理论进行组合以更好地解释 OFDI 现象。在前人研究的基础上,结合中国 OFDI 的现实状况和自身的对外直接投资特点,本书从母国和东道国的角度构建中国对外直接投资的系统性分析框架。

一、母国的经济因素和制度因素

结合中国对外直接投资的实践,本书从母国角度探讨对外直接投资的影响因素,见图 2.2。在前人研究的基础上,本书将经济发展、对外开放度、外商直接投资和金融发展水平等作为解释变量,其中制度(市场化进程、知识产权保护)、金融抑制和人口结构三类影响因素是本书的研究重点。

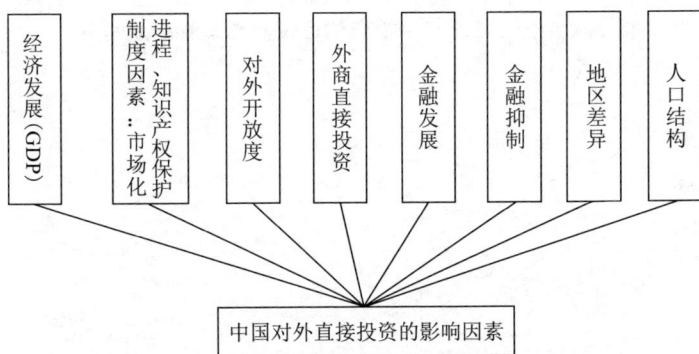

图 2.2 中国对外直接投资的影响因素分析框架

二、东道国的经济因素和制度因素

对外直接投资不仅受母国的推动作用影响,也受到东道国的拉动作用影响。在研究母国对外直接投资影响因素的基础之上,本书继续探讨东道国的制度、金融市场环境和低廉的劳动力是否吸引了中国的对外直接投资,见图 2.3。在前人研究的基础上,本书纳入东道国的经济发展水平、战略资产、劳动力、自然资源、制度和金融市场等因素,及贸易、通货膨胀率、基础设施,重点考察中国的对外直接投资是否具有效率寻求动机和金融市场寻求动机。

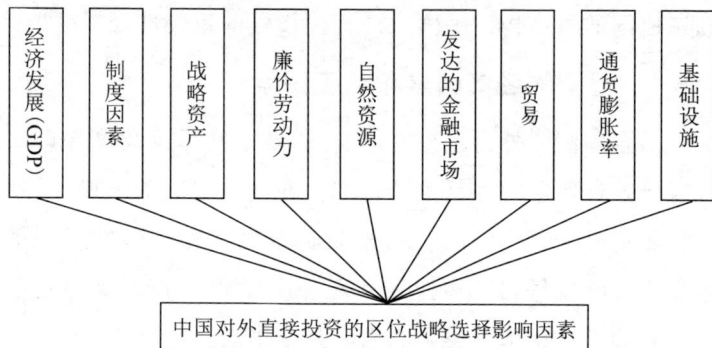

图 2.3　中国对外直接投资的区位战略选择分析框架

第三章　中国对外直接投资概述

　　经过 30 多年的改革开放,中国的经济得到了快速发展,
2014 年,中国的国内生产总值达到 63.65 万亿元,以美元计,
首次突破 10 万亿美元。伴随着经济的高速增长,我国的对
外直接投资从无到有,到 2014 年非金融类对外直接投资达
到 1029 亿美元,首次突破千亿美元,与中国实际使用的外资
金额相差仅 160 多亿美元,金融类和非金融类投资达到
1231.2 亿美元。据商务部估算,中国将很快成为净投资国。
随着中国政府"走出去"战略的深入实施,我们有必要对中国
对外直接投资的现状和发展阶段有更清楚的认识,以更好地
了解中国对外直接投资的现象。本章梳理了自改革开放以
来中国对外直接投资的发展情况,通过历年对外直接投资数
据分析了中国对外直接投资的主体是什么企业,中国对外直
接投资的目的地主要在哪里,以及中国企业对外直接投资的
行业主要是什么;在邓宁投资发展周期理论的基础上,还分
析了中国现阶段对外直接投资所处的阶段。本章通过对中
国对外直接投资发展现状和所处阶段的分析,以期为政府制
定相关政策提供有益的参考,并为后续的研究提供中国对外
直接投资的现实背景。

第一节　中国对外直接投资的现状和特点

　　1979 到 1984 年为我国对外直接投资(OFDI)的萌芽阶

段。这一时期,外贸公司、国际经济技术合作公司依靠自身的外贸特许经营和国际经济合作与对外援助等成为中国首批对外投资企业。但由于这一时期的中国企业不具备对外直接投资(OFDI)的优势,加之国内外汇短缺,因此,国家政策不鼓励企业对外直接投资(OFDI),主要偏向引进外商直接投资(IFDI)。1985 到 1991 年为起步阶段。1987 年,国务院正式批准企业的国际化经营,加快了中国企业对外直接投资(OFDI)的步伐。这一时期,对外投资的相关政策和制度开始健全和完善,相关的业务流程和机制得到确立,国有大型企业开始积极向外投资。1992 到 2000 年为起飞阶段。1992 年邓小平南方谈话以及十四大的政策目标,成为企业对外直接投资(OFDI)的主要推动力,中国的对外直接投资(OFDI)达到了第一个高峰,金额达到了 40 亿美元。到 1999 年,我国政府将 OFDI 定为促进我国融入全球化的政策之一,至此中国的 OFDI 开始快速增长。这一时期,中国企业的 OFDI 覆盖到了 120 个国家和地区,涉及业务包括加工装配业、进出口贸易、工程承包、旅游业、林业、渔业、矿业等行业,对外投资的企业达到 280 家。

2001 年之后,中国的对外直接投资(OFDI)进入发展阶段。随着对外开放的深入,我国 GDP 规模不断扩大,在外汇储备不断增加的情况下,中国政府提出了"走出去"战略,鼓励中国企业对外直接投资(OFDI)。2000 年之后,在我国政府"走出去"战略的背景下,我国对外直接投资进入了飞速发展时期。2005 年之后,其增长更快,非金融类对外直接投资流量从 2003 年的 28.5 亿美元增加到了 2014 年的 1231.2 亿美元,增长了 42 倍多,详见表 3.1。2008 年金融危机后,在全球对外直接投资下滑的情况下,我国对外直接投资依然保持了强劲的增长势头,危机后中国每年的 OFDI 超过了 500 亿美元。根据联合国贸发会议(UNCTAD)的《2014 年世界投资报告》,2013 年,中国对外直接投资分别占全球当年流量、存量的 7.6% 和 2.5%,2013 年中国对外直接投资流量名列按全球国家(地区)排名的第 3 位,成为继美国、日本之后的世界第三大对外投资国,存量位居第 11 位。到 2013 年年底,我国有 1.53 万家境内投资者在国(境)外设立对外直接投资企业 2.54 万家,分布于全球 184 个国家和地区。2013 年,中国金融和非金融类 OFDI 流量为 1078 亿美元,同年,中国利用外资的数额为 1239 亿美元,这是改革开放以来对外投资和使用外资首次突破千亿美元,二者的差距越来越小。根据商务部公布的信息,2014 年,我国非金融类 OFDI 第一次突破千亿美元,为 1029 亿美元;如果将金融类直接投资包括在内,2014 年,中国的 OFDI 超过了 1200 亿美元,中国实际上已经成为资本净输出国。根据商务部的估计,中国对外投资未来 10 年仍会以 10% 以上的速度增长,中国企业资本走出去的步伐在加速。

表 3.1　中国历年对外直接投资额

单位:亿美元

年份	流量		存量
	金额	同比(%)	
2002	27	—	299
2003	28.5	5.6	332
2004	55	93	448

年份	流量		存量
	金额	同比(%)	
2005	122.6	122.9	572
2006	211.6	43.8	906.3
2007	265.1	25.3	1179.1
2008	559.1	110.9	1839.7
2009	565.3	1.1	2457.5
2010	688.1	21.7	3172.1
2011	746.5	8.5	4247.8
2012	878	17.6	5319.4
2013	1078.4	22.8	6604.8
2014	1231	14.2	8826

资料来源:商务部历年《中国对外直接投资统计公报》。

注:2002—2005 年数据为非金融类对外直接投资数据;2006—2014 年为全行业对外直接投资数据。

一、中国对外直接投资的增长速度快

2013 年,全球的工业生产和贸易疲弱,国际金融市场持续波动,世界经济增速继续下滑。然而,全球对外直接投资却相对活跃,流入和流出量分别较上年实现了 9% 和 1.4% 的增长。中国自 2012 年投资流量居世界第三大对外投资国以来,到 2013 年实现了 22.8% 的高增长,达到了 1078.4 亿美元,到 2014 年连续三年保持全球第三大对外投资国地位。自中国开始发布年度对外直接投资数据以来,中国的对外直接投资流量已经实现连续 12 年增长,见图 3.1,2002—2013 年的年均增速高达 39.8%。

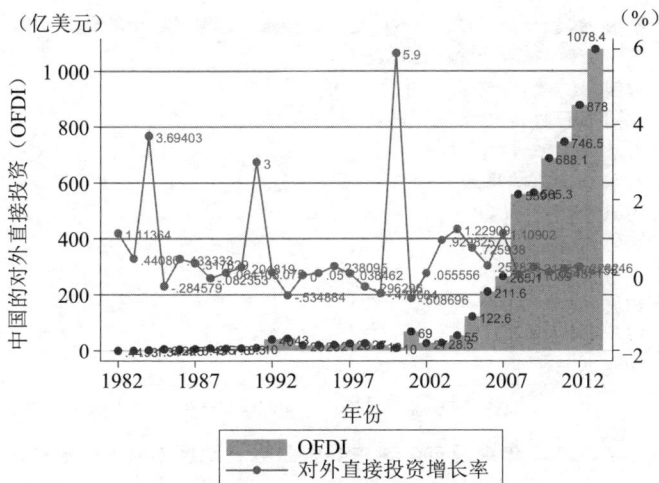

图 3.1　我国历年对外直接投资及其增长率

注:2002—2005 年数据为中国非金融类对外直接投资
数据;2006—2013 年为全行业对外直接投资数据;2006 年
同比为非金融类对外直接投资比值。

二、中国对外直接投资的总体水平低

　　根据商务部数据,到 2013 年年底,中国的对外直接投资
(OFDI)累计净额达 6604.8 亿美元。然而,这个金额只占全
球对外直接投资(OFDI)存量的 2.5%,跟世界其他主要的投
资国比起来,中国的对外直接投资(OFDI)存量只相当于日
本的 50%、法国的 35.5%、德国的 34.4%、英国的 29.4%和美
国的 10.2%,见图 3.2。从统计数据来看,中国的对外直接投
资在流量上已经位居世界前列,但与发达国家相比,在存量
上仍处于较低发展阶段。

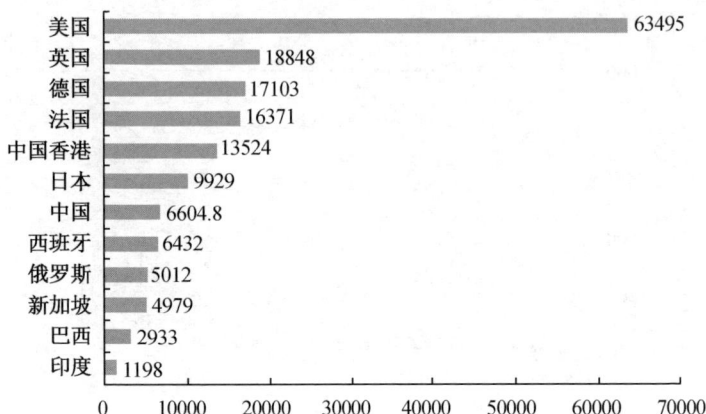

图 3.2　2013 年中国与全球主要国家或者地区 OFDI 存量对比

三、中国对外直接投资的行业集中

从 2005—2013 年对外直接投资数据来看,中国的对外直接投资主要集中在租赁和商务服务业、采矿业、金融业和批发零售业,见表 3.2,累计大概占当年流量总额的 75％ 以上。中国在采矿业的投资较大,反映了中国在经济发展的过程中对资源的巨大需求。相比发达国家,中国的服务业较为落后,但是从近年数据来看,商务服务业、金融业和批发零售业在对外直接投资中的占比都很高。另外,中国企业在海外的房地产投资,农、林、牧、渔业,科学研究和技术服务业近几年均具有较大幅度增长。而中国具有比较优势的制造业在全球对外直接投资中却占比不大,2013 年甚至出现负增长。对此,王碧珺(2013)认为,中国官方公布的是中国对外直接投资的第一目的地的行业分布,而不是中国企业最终投资的行业,而第一目的地可能是投资的中转地,用于避税等目的,并不涉及实体的经济活动。

表 3.2　2005—2013 年中国对外直接投资流量分布情况

单位：万美元

行业分类	2005	2006	2007	2008	2009	2010	2011	2012	2013
农林牧渔	10536	18504	27171	17183	34279	53398	79775	146138	181313
采矿业	167522	853951	406277	582351	1334309	571486	1444595	1354380	2480779
制造业	228040	90661	212650	176603	224097	466417	704118	866741	719715
电热燃气水	766	11874	15138	131349	46807	100643	187543	193534	68043
建筑业	8186	3323	32943	73299	36022	162826	164817	324536	436430
批发零售	226012	111391	660418	651413	613575	672878	1032412	1304854	1464682
交通	57679	137639	406548	265574	206752	565545	256392	298814	330723
住宿餐饮	758	251	955	2950	7487	21820	11693	13663	8216
信息软件	1479	4802	30384	29875	27813	50612	77646	124014	140088
金融业	—	352999	166780	1404800	873374	862739	607050	1007084	1510532
房地产	11563	38376	90852	33901	93814	161308	197442	201813	395251

续表

行业分类	2005	2006	2007	2008	2009	2010	2011	2012	2013
租赁商业	494159	452166	560734	2171723	2047378	3028070	2559726	2674080	2705617
科学技术	12942	28161	30390	16681	77573	101886	70658	147850	179221
水利公共	13	825	271	14145	434	7198	25529	3357	14489
居民服务	6279	11151	7621	16536	26773	32105	32863	89040	112918
教育	—	228	892	154	245	200	2008	10283	3566
卫生	—	18	75	—	191	3352	639	538	1703
文体娱乐	12	76	510	2180	1976	18648	10498	19634	31085
公管社保	171	—	—	—	—	—	—	—	—
合计	1226117	2116396	2650609	5590717	5652899	6881131	7465404	8780353	10784371

资料来源：商务部历年《中国对外直接投资统计公报》。

四、中国对外直接投资的地区集中

首先,从 2005—2008 年的投资数据来看,中国的对外直接投资目的地主要集中在亚洲地区,在 2005 年占到全球投资的 37%,到 2013 年最高达到 78%;其次,对外直接投资的目的地集中在拉丁美洲,2005 年在拉丁美洲的投资占全球投资的比例高达 53%,以后各年逐步下降,具体的数据详见表 3.3。中国在亚洲的投资更大程度上是为了寻求低成本劳动力、市场规模和获取亚洲地区丰富的石油等自然资源(王国婷,任荣明,2015)。

2013 年,中国对发达国家经济体的投资为 138.3 亿美元,同比增长 2.4%,主要流向了欧盟、美国、加拿大、澳大利亚、日本和新西兰等国,其中对以色列、百慕大群岛、欧盟和美国的投资与 2012 年同期相比下降了,同比下降的幅度分别为 83.7%、51.5%、26.1% 和 4.3%。中国对发展中国家经济体的投资为 917.3 亿美元,占到当年流量的 85.1%,流向转型经济体 22.8 亿美元,同比下降 46.8%。东道国的制度环境对中国跨国公司的境外投资有显著影响(阎大颖,2013)。

五、中国对外直接投资的进入模式以并购为主

20 世纪 90 年代末之前,中国企业的对外直接投资进入模式以与东道国或者第三国建立合资企业模式为主,这种模式约占 79%,而独资新建企业约占 21%。2000 年之后,进入模式主要是设立全资企业,后来随着中国对外直接投资规模的不断扩大,到 2004 年跨国并购是中国企业主要的进入方式,中国企业的跨国并购活动逐渐活跃起来,并购额占整个对外直接投资额的比重开始增大。但依据冯赫(2005)对 102 家投资于欧洲的中国企业的调查发现,中国企业投资于欧洲

单位:万美元,%

表 3.3　2005—2013 年中国对外直接投资流量情况

地区	2005	2006	2007	2008	2009	2010	2011	2012	2013
全球总量	1226117	1763397	2650609	5590717	5652899	6881131	7465404	8780353	10784371
亚洲占比	36.6	43.5	62.6	77.9	71.5	65.2	60.9	73.8	70.1
非洲占比	3.2	2.9	5.9	9.8	2.5	3.1	4.3	2.9	3.1
欧洲占比	3.2	3.4	5.8	1.6	5.9	9.8	11.1	8.0	5.5
拉美占比	52.7	48.0	18.5	6.6	13.0	15.3	16.0	7.0	13.3
北美占比	2.6	1.5	4.2	0.7	2.7	3.8	3.3	5.6	4.5
大洋洲占比	1.7	0.7	2.9	3.5	4.4	2.7	4.4	2.8	3.4

资料来源:历年对外直接投资统计公报。

的进入模式仍以建立合资企业和新建独资企业为主,而并购当地企业的进入模式占比较低。随着中国政府"走出去"战略的深化,中国企业在海外的经验逐渐积累,开始出现了大规模的中国企业的对外直接投资跨国并购,跨国并购正在成为中国企业对外直接投资的重要进入模式,见表 3.4。2013年,中国企业在 70 多个国家和地区共完成对外直接投资并购项目 424 起,并购的产业包括采矿业、制造业、房地产业、租赁和商务服务业、信息传递、软件和信息技术服务业、批发和零售业等 16 个行业大类。

**表 3.4　1988—2013 年中国对外直接投资
并购额在当年对外直接投资的流量占比**

单位:百万美元

年份	跨国并购额	占比(%)	年份	跨国并购额	占比(%)
1988	17	2	2001	452	25.46
1989	202	25.9	2002	1047	41.58
1990	60	7.2	2003	1803	38
1991	3	0.3	2004	3000	54.5
1992	573	14.33	2005	2300	53
1993	485	11.02	2006	8250	39
1994	307	15.35	2007	6300	23.8
1995	249	12.45	2008	30200	54
1996	451	21.33	2009	19200	34
1997	799	31.17	2010	29700	43.2
1998	1276	48.44	2011	27200	36.4
1999	101	5.69	2012	43400	31.4
2000	470	51.31	2013	52900	31.3

资料来源:1988—2003 年数据来自刘慧芳,跨国企业对外直接投资研究;2004—2013 年数据来自历年商务部对外直接投资统计公报。

六、对外直接投资存在着巨大的地区差异

在对外直接投资中,我国的对外直接投资表现出极大的地区不均衡性,对外直接投资主要集中在东部省市,东部地区①占了所有对外直接投资当年流量的 70% 以上,而中、西部省市只占不到 30%。广东、山东、北京、江苏、上海、浙江、辽宁、天津、福建和河北为全国对外直接投资流量前 10 位,占地方对外直接投资的 73.8%,具体数据详见表 3.5。

我国对外直接投资巨大的省市间差异有可能进一步拉大我国各地区间经济发展的差异,这将进一步加剧国内经济发展的不平衡,这是由对外直接投资的溢出效应引起的。因而,研究影响我国各地区对外直接投资差异的影响因素对缩小地区间的差异具有重要的意义。

表 3.5   2013 年地方 OFDI 流量按区域分布情况

地区	流量(亿美元)	同比(%)
东部地区	292.24	14.8
中部地区	35.36	9.6
西部地区	36.55	−33.9
合计	364.15	−9.5

七、对外直接投资的主体以国有企业为主

2000 年以来,在对外直接投资企业中,国有企业的海外投资占中国对外直接投资的很大部分,根据历年 OFDI 统计

①   根据商务部的划分,中部地区包括山西、安徽、江西、河南、湖北、湖南六省;西部地区包括内蒙古、广西、四川、重庆、贵州、云南、陕西、甘肃、青海、宁夏、新疆、西藏 12 省、直辖市、自治区;东部地区包括北京、天津、河北、辽宁、上海、江苏、浙江、福建、山东、广东和海南 11 省、直辖市。

数据,国有企业的投资占到对外直接投资的一半以上,到2013年,尽管非国有企业占比不断扩大,国有企业流量占比下降,但依然占55.2%,历年国有企业对外直接投资占比详见表3.6。我国投资主体结构不合理,没有充分发挥民营企业的积极性和创造性(刘宏,苏杰芹,2014)。

表3.6　2006—2013年中国国有企业和非国有企业存量占比情况

单位:%

年份	国有企业占比	非国有企业占比	年份	国有企业占比	非国有企业占比
2006	81	19	2010	66.2	33.8
2007	71	29	2011	62.7	37.3
2008	69.6	30.4	2012	59.8	40.2
2009	69.2	30.8	2013	55.2	44.8

第二节　中国对外直接投资所处发展阶段实证研究

一、投资发展周期理论

在国际生产折中理论的基础上,邓宁(1981,1996)提出的投资发展周期理论认为,一个国家对外直接投资和吸引外商直接投资的五个发展阶段与该国国内的经济发展水平有很密切的关系。在早期的第一阶段(人均国民收入少于400美元),与外国企业相比,本国企业在所有权、内部化和区位三个方面均没有优势,加之人均收入很低,这个阶段,该国既吸引不到外商直接投资,也没有实力到国外进行投资;在第二阶段(人均国民收入大于2000美元),本国的所有权优势、内部化优势和区位优势有了少量增加,而且人均收入有了一定程度的增加,该国居民有了一定的消费能力,吸引的国外资本开始增加,并且伴有少量的资本流出;当人均国民收入介于 2000 美元和 4750 美元之间时,与外国企业相比,本国企业的所有权、内部化优势上升,外国的区位优势增加,这时本国的对外直接投资增速可能超过外资流入的速度,但总体上净投资为负;当人均国民收入超过 4750 美元时,本国企业的所有权、内部化优势进一步增加,外国的区位优势增加,随着人均 GNP 的上升,本国的对外直接投资超过外资流入,净投资由负值变为正值;当人均国民收入超过 5000 美元时,与外国企业相比,国内企业在所有权、内部化和区位优势方面均表现出较强的竞争力,对外直接投资会不断增加,这一时期,由于人均收入较高,外资的流入会持续增加,资本的流入和流出相当,净投资减少到零。邓宁认为,在第五阶段,对外直接投资和经济发展水平的相关关系较弱。

依据邓宁的投资发展周期理论,以 2005 年不变汇率折算,我国在 2012 年的人均 GDP 为 3374 美元,因此,在理论上,我们推断中国的对外直接投资处于投资周期理论的第三个阶段。

二、模型设定和数据来源

(一)计量模型设定

按照投资发展周期理论,对外直接投资随人均 GDP 的变化在第三阶段之前投资发展路径呈 U 形,在第三阶段之后呈倒 U 形,与二次函数图像比较接近。在该理论提出之后,学者们在验证某国的对外直接投资水平与其国内经济发展水平的关系时,一般采用二次项式(Dunning,1981;Dunning,1986;Tolentino,1993;Dunning,1994)或五次项

式(Buckley & Castro,1998)的函数模型。在实证验证一些
国家的投资发展阶段时,学者们发现,发展中国家比较适合
二次函数的形态,而发达国家适合用五次函数模型进行分
析。为了使分析更为稳健,在分析中国的对外直接投资所处
阶段时,本书用中国的数据对这两种函数形式都进行了模拟
验证,据此,建立以下模型:

模型 1:$\mathrm{PNFDI}_{it}=\alpha+\beta_1\mathrm{PGDP}_{it}+\beta_2\mathrm{PGDP}_{it}^2+\mu_{it}$;

模型 2:$\mathrm{PNFDI}_{it}=\alpha+\beta_1\mathrm{PGDP}_{it}^3+\beta_2\mathrm{PGDP}_{it}^5+\mu_{it}$。其中
PNFDI 为人均净对外直接投资,PGDP 为人均国民收入,α
为常数项,β_1 和 β_2 为相关解释变量的系数,μ_{it} 为随机误差
项,表 3.7 为人均净对外投资和人均 GDP 的数据。

表 3.7　人均净对外投资额和人均 GDP 数据

年份	人均净对外直接投资（PNFDI）	人均 GDP（美元）	年份	人均净对外直接投资（PNFDI）	人均 GDP
1982	−0.3797	253.19	1998	−34.3288	1001.26
1983	−0.7990	276.71	1999	−30.6433	1068.6
1984	−1.2314	314.01	2000	−31.4013	1149.9
1985	−1.2536	350.83	2001	−31.3358	1236.79
1986	−1.6687	375.71	2002	−39.0999	1340.89
1987	−1.5270	412.22	2003	−39.1946	1466.43
1988	−2.1112	451.07	2004	−42.4131	1605.61
1989	−2.3185	461.88	2005	−45.9979	1777.36
1990	−2.3239	472.5	2006	−39.2208	1992.39
1991	−2.9813	508.91	2007	−43.1480	2263.37
1992	−5.9810	574.22	2008	−39.4587	2467.93

续表

年份	人均净对外直接投资（PNFDI）	人均 GDP（美元）	年份	人均净对外直接投资（PNFDI）	人均 GDP
1993	－19.5035	646.97	2009	－28.8221	2681.52
1994	－26.5056	723.76	2010	－34.2453	2943.42
1995	－29.3269	794.57	2011	－36.6074	3144.16
1996	－32.3657	865.4	2012	－27.2311	3374.3
1997	－34.5356	936.9			

资料来源:根据相关数据整理。

（二）样本数据和分析方法

关于对当前对外直接投资所处阶段的实证检验,涉及的数据包括对外直接投资额、吸引的外商投资额、人口数和汇率等。由于不同的数据具有不同的统计口径,为了避免由此造成的误差,因此,在处理数据过程中,本书尽可能使用同一个数据来源的数据。我国的对外直接投资数据商务部 2003 年才开始发布,而且 2005 年之前的《中国对外直接投资报告》里面,只含有非金融类的投资数据,并不包含金融类数据。相比于我国商务部颁布的对外直接投资数据,联合国贸发会(UNCTAD)颁布的历年《世界投资报告》更具有权威性,《世界投资报告》中的数据是由国际权威机构进行统计推算出来的,并且包含了一些官方未批准的对外直接投资,这样 UNCTAD 的数据更加贴近实际的发生情况。因此,我们选用联合国贸发会所公布的中国对外直接投资数据和吸引的外商直接投资数据。我国的人口数、汇率和国内生产总值(GDP)数据均来自历年《中国统计年鉴》,相关数据见表 3.8。

表 3.8　1982—2012 年间中国的投资、GDP、人口和汇率数据

年份	OFDI（百万美元）	IFDI（百万美元）	GDP（亿元）	人口数（亿人）	人均 GDP（元）	汇率	人均 GDP（元）
1982	44	430	5323.4	10.1654	523.6784	1.89	253.19
1983	93	916	5962.7	10.3008	578.8580	1.97	276.71
1984	134	1419	7208.1	10.4357	690.7155	2.32	314.01
1985	629	1956	9016	10.5851	851.7633	2.93	350.83
1986	450	2244	10275.2	10.7507	955.7703	3.45	375.71
1987	645	2314	12058.6	10.9300	1103.2571	3.72	412.22
1988	850	3194	15042.8	11.1026	1354.8898	3.72	451.07
1989	780	3393	16992.3	11.2704	1507.6927	3.76	461.88
1990	830	3487	18667.8	11.4333	1632.7569	4.78	472.5
1991	913	4366	21781.5	11.5823	1880.5850	5.32	508.91
1992	4000	11008	26923.5	11.7171	2297.7955	5.51	574.22

续表

年份	OFDI（百万美元）	IFDI（百万美元）	GDP（亿元）	人口数（亿人）	人均GDP（元）	汇率	人均GDP（元）
1993	4400	27515	35333.9	11.8517	2981.3360	5.76	646.97
1994	2000	33767	48197.9	11.9850	4021.5186	8.61	723.76
1995	2000	37521	60793.7	12.1121	5019.2535	8.35	794.57
1996	2114	41726	71176.6	12.2389	5815.6043	8.31	865.40
1997	2562	45257	78973	12.3626	6388.0575	8.28	936.90
1998	2634	45463	84402.3	12.4761	6765.1189	8.27	1001.26
1999	1774	40319	89677.1	12.5786	7129.3387	8.27	1068.60
2000	916	40715	99214.6	12.6743	7828.0142	8.27	1149.90
2001	6885	46878	109655.2	12.7627	8591.8497	8.27	1236.79
2002	2518	52743	120332.7	12.8453	9367.8388	8.27	1340.89
2003	2855	53505	135822.8	12.9227	10510.4042	8.27	1466.43

续表

年份	OFDI（百万美元）	IFDI（百万美元）	GDP（亿元）	人口数（亿人）	人均 GDP（元）	汇率	人均 GDP（元）
2004	5498	60630	159878.3	12.9988	12299.4661	8.27	1605.61
2005	12261	72406	184937.4	13.0756	14143.7028	7.99	1777.36
2006	21160	72715	216314.4	13.1448	16456.2717	7.97	1992.39
2007	26510	83521	265810.3	13.2129	20117.4837	7.6	2263.37
2008	55910	108312	314045.4	13.2802	23647.6408	6.94	2467.93
2009	56530	95000	340902.8	13.3474	25540.7645	6.83	2681.52
2010	68811	114734	401202	13.4100	29918.1208	6.76	2943.42
2011	74654	123985	472882	13.4757	35091.4609	6.3133	3144.16
2012	84220	121080	519470	13.5360	38376.9208	6.3125	3374.30

资料来源：根据相关资料整理。

关于分析方法,本书使用 1982—2012 年的时间序列数据考察我国的对外直接投资发展路径是否符合邓宁所提出的理论以及处在邓宁所提出的理论的哪一个阶段,统计分析使用 STATA 12.0 软件。

三、实证结果和解释

如果时间序列存在单位根,可能带来一些问题,比如自回归系数的估计值不是渐进正态分布,传统的 t 检验失效,并且自回归系数的值向左偏向于 0,在此基础上,做出的变量回归可能出现伪回归或伪相关。因此,我们首先对变量是否存在单位根进行检验,检验结果见表 3.9。

表 3.9　各变量 ADF 单位根检验结果

变量	差分次数	检验形式(C,T,L)	ADF检验统计量	1%临界值	5%临界值	10%临界值	结论
PGDP	0	C,T,1	13.457	−3.716	−2.986	−2.624	不平稳
PGDP	1	C,N,0	−0.470	−3.723	−2.989	−2.625	不平稳
PGDP	2		−6.174	−3.730	−2.992	−2.626	平稳
PNFDI	0	C,N,1	−1.365	−3.716	−2.986	−2.624	不平稳
PNFDI	1	C,T,0	−4.270	−3.723	−2.989	−2.625	不平稳
PNFDI	2		−7.253	−3.730	−2.992	−2.626	平稳

注:(C,T,L)C 代表常数项,T 代表时间趋势项,L 代表滞后阶数,滞后阶数由 AIC 准则确定,滞后项可使残差项为白噪声。一般经过差分处理后,序列就不存在时间趋势了。

表 3.9 列出了各变量的单位根检验结果,由检验可知,各变量的原序列和一阶差分序列都是非平稳的,经过二阶差分后都是平稳的,因此,我们判定各时间序列变量为二阶单

整,可以进行 Johansen 协整检验。

根据前面的分析,各变量的原序列为同阶单整,则变量间可能存在长期均衡的关系,我们对相关变量进行 Johansen 协整检验,结果见表 3.10。

表 3.10　Johansen 协整检验结果

协整关系个数	特征根	迹统计量	最大特征值统计量
0 个协整向量	·	25.8617(18.17)	25.1100(16.87)
至少 1 个协整向量	0.5793	0.7517(3.74)	0.7517(3.74)

注:* 表示在 1% 的水平上拒绝"协整秩为 0"的假设,但无法拒绝"协整秩为 1"的假设,括号中的数值为 5% 的临界值。

从表 3.10 可以看出,方程协整秩的个数为 1,说明各变量至少存在一个长期均衡的关系。回归结果见表 3.11。

表 3.11　回归结果

模型	变量	估计系数	标准差	t 统计量	P 值	拟合度
1	PGDP	−0.0587	0.0044	−13.41	0.0000	R^2 0.9018
1	$PGDP^2$	0.00014	1.28e−06	10.89	0.0000	R^2 0.9018
1	常数项	16.5290	2.7415	6.03	0.0000	R^2 0.9018
2	$PGDP^3$	−4.61e−09	1.06e−09	−4.36	0.0000	R^2 0.4476
2	$PGDP^5$	3.98e−16	1.04e−16	3.83	0.0010	R^2 0.4476
2	常数项	−14.2342	2.9245	−4.87	0.0000	R^2 0.4476

从表 3.11 的回归结果来看,模型 1 的拟合度值 R^2 为 0.9018,而模型 2 的拟合度值只有 0.4476,从 R^2 的值来看,模型 1 优于模型 2。从解释变量的回归系数来看,β_1 的系数为负,β_2 的系数为正,符合邓宁投资发展周期理论中呈"U"形曲线的特征。本书再对模型 1 和模型 2 的残差进行回归,结果见表 3.12 和表 3.13。从残差的回归结果来看,模型 1 的

残差是平稳的,根据协整理论,模型 1 不存在伪回归;而模型 2 的残差是不平稳的,可能存在伪回归。因此,我们推断模型 1 更适合描述中国的对外直接投资发展阶段,中国的人均 GDP 和人均净对外直接投资之间是二次函数的关系,这符合一部分学者的验证,认为发展中国家适合用二次函数分析。从人均净对外直接投资的时间趋势图(图 3.3)来看,中国的净对外直接投资符合二次函数图形,这也证明了中国的对外直接投资适合用二次函数进行分析。

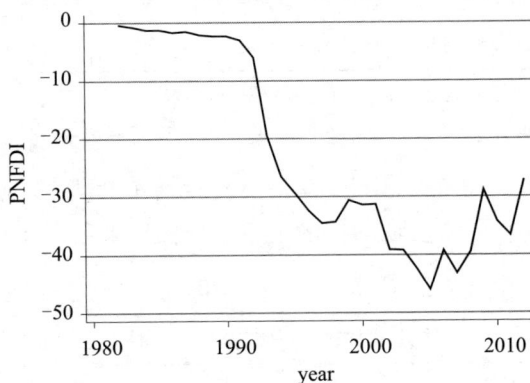

图 3.3　1982—2012 中国净对外直接投资趋势

表 3.12　模型 1 的残差单位根检验结果

ADF 检验临界值	−2.357	1%水平	−3.716
		5%水平	−2.986
		10%水平	−2.624

表 3.13　模型 2 的残差单位根检验结果

ADF 检验临界值	1.359	1%水平	−3.716
		5%水平	−2.986
		10%水平	−2.624

本书利用中国 1982 年到 2012 年间的相关数据对中国当前的对外直接投资所处阶段进行实证检验,检验结果表明,我国对外直接投资发展路径符合邓宁的投资发展周期理论以及"U"形曲线特征,并且通过拟合结果,我们判断中国目前处于投资发展周期理论的第三个阶段。目前我国的对外直接投资开始迅猛增加,虽然净对外直接投资为负值,但与外商直接投资的缺口逐步缩小。据商务部的统计,2014年,中国的对外直接投资为 1029 亿美元,中国实际使用的外资金额为 1195.6 亿美元,中国对外投资额和吸收外资额二者的差额仅为 160 多亿美元。据此,商务部估计,中国将很快成为净对外投资国。根据邓宁的投资发展周期理论,处于第三阶段的中国对外直接投资大幅度增加,随着其增速超过外资的流入速度,中国的对外直接投资将进入第四个阶段。

第三节　中国对外直接投资存在的问题

本书对中国对外直接投资的现状和所处阶段进行了初步统计分析,结果显示:自"走出去"政策实施之后,中国的对外直接投资突飞猛进地增长,流量上从 2000 年占全球的比重只有 0.07% 上升到 2012 年的 6.05%,增长速度很快,但存量上到 2012 年也只占 2.16%,国际占比处于低位。对外直接投资的行业分布广泛,但主要集中在四大行业,分别是租赁和商务服务业、采矿业、批发和零售业以及金融业,这四大行业占中国当年对外直接投资额的 70% 以上,而中国具有比较优势的制造业在对外直接投资中的占比反而不高,在 2005年占中国对外直接投资的 19%,2006 年开始下降到 5%,近几年在 7% 左右波动。截止到 2012 年,从存量上看,租赁和商务服务业,占比最大为 33%,其次为金融业,占比为 18.1%,排第三位的是采矿业,占比为 14.1%,批发和零售业排第四位,占比为 12.8%,制造业排第五位,占比为 6.4%。

对外直接投资的区位分布也比较集中,主要集中在亚洲地区,自 2006 年之后,中国企业对亚洲的投资占到中国整个投资的 60% 以上,最高达到 78%,详细数据见表 3.14,具有明显的地缘及人群种族特征,而且投资的地区主要集中在发展中国家,有数据显示,有 80% 的对外直接投资流向了发展中国家,对发达国家的投资较低。而且在中国内地的对外直接投资中,区位集中,有很大一部分投资流向中国香港、英属维尔京群岛、开曼群岛。

表 3.14　中国对外直接投资的区位分布

地区	2005	2006	2007	2008	2009	2010	2011	2012	2013
亚洲	0.37	0.43	0.63	0.78	0.71	0.65	0.61	0.74	0.70
非洲	0.03	0.03	0.06	0.10	0.03	0.03	0.04	0.03	0.03
欧洲	0.03	0.03	0.06	0.02	0.06	0.10	0.11	0.08	0.06
拉丁美洲	0.53	0.48	0.18	0.07	0.13	0.15	0.16	0.07	0.13
北美洲	0.03	0.01	0.04	0.01	0.03	0.04	0.03	0.06	0.05
大洋洲	0.02	0.01	0.03	0.03	0.04	0.03	0.04	0.03	0.03
全球	1	1	1	1	1	1	1	1	1

从对外直接投资的主体来看,中国的对外直接投资以国有企业为主体,在 2006 年,国有企业的对外直接投资占整个中国对外直接投资的 81%,之后比重开始下降,非国有企业的对外直接投资比重逐渐上升,到 2013 年,国有企业的占比下降为 55.2%,非国有企业上升为 44.8%;从中国对外直接

投资的地区分布来看,这些地区主要集中在东部地区,东部地区的对外直接投资占整个中国对外直接投资的70%以上。地区分布的不均衡有可能进一步拉大中国地区间经济发展的不平衡。

本章小结

经过30多年的改革开放,中国的经济得到了快速发展,2014年,中国的国内生产总值达到63.65万亿元,以美元计,首次突破10万亿美元。伴随着经济的高速增长,我国的非金融类对外直接投资从无到有,到2014年达到1029亿美元,首次突破千亿美元,与中国实际使用的外资金额相差仅160多亿美元,据商务部估算,我国将很快成为净投资国。随着中国政府"走出去"战略的深入实施,我们有必要对中国对外直接投资的现状和发展阶段有更清楚的认识。本章梳理了自改革开放以来的中国对外直接投资发展状况,通过数据分析了中国对外直接投资的主体呈现多元化,但仍以国有企业为主,中国对外直接投资的目的地主要集中在亚洲地区和发展中国家,相比而言,中国当前具有比较优势的产业是制造业,而从历年数据来看,中国企业对外直接投资的行业主要是采矿业,这与中国的发展战略密切相关。在邓宁投资发展周期理论的基础上,本章分析了中国现阶段对外直接投资所处的阶段,通过对中国对外直接投资发展现状和所处阶段的分析,以期为政府制定相关政策提供有益的参考。

小岛清认为,对外直接投资对一国经济功能的发挥起到了不可或缺的作用,这是因为直接投资的经济功能在于管理资源从一个国家传播到另一个国家。对于处于投资周期理论第三阶段的中国企业来说,在前两个阶段的对外直接投资过程中,积累了一定的经验,自身的各方面实力得到夯实,这为中国的对外直接投资从第三阶段向第四阶段迈进打下了基础。

中国经济的发展在当前处于关键时期,在经济发展的过程中存在急需解决的问题:一方面中国经济发展所需要的某些能源资源相对短缺,中国的能源安全问题需要解决,另一方面,经过 30 多年粗放型的经济发展,中国的部分产业产能过剩严重,并且个别行业的产能过剩问题还非常严重。对外直接投资将在解决中国面临的两大问题上起到不可忽视的作用。

中国应当继续保障对外直接投资的稳定,特别是对采矿业的投资,以保障能源资源的不断供给。政府不仅要扶持国有企业的对外直接投资,而且要扶持非国有企业的对外直接投资。根据"亚洲四小龙"的发展经验,政府支持中小企业对外直接投资,最终不仅促进了本国或者地区的对外直接投资,而且完成了其自身的产业结构转型升级。借鉴"亚洲四小龙"的发展经验,政府在对外直接投资中应发挥相关职能,引导产能过剩的制造业对外直接投资,发挥制造业的比较优势。对于发达国家的投资,我国企业的主要目的不应该是利用自身优势扩大海外生产,而要通过在发达国家的投资,提升自身的技术、管理水平等,从而提高企业自身的竞争力。

第四章　母国地区环境差异对中国对外直接投资的影响

　　在上一章中国对外直接投资现状的分析中，我们知道，中国对外直接投资在 2000 年之后以年均将近 39％ 的速度增长，增速很快，截止到 2013 年，连续两年保持了全球第三大对外直接投资流量的位子。根据西方的对外直接投资经典理论，中国企业在走出去的过程中，并不具备经典理论所提到的优势，那么，是什么因素促使中国对外直接投资的迅猛增长呢？Peng 认为，在研究发展中国家的对外直接投资时，应加入制度因素。中国自 2001 年加入世界贸易组织，加上中国特有的制度安排，对外贸易迅速增长，积累了大量的外汇储备，这为中国企业"走出去"提供了资金支持。大量的数据表明，中国资本市场的不完全给中国的企业，尤其是国有企业带来了特定的所有权优势，这些国有企业可以长时间获得低于市场利率下的资本，从而实现大规模的对外直接投资，表现为中国的对外直接投资以国有企业为主。此外，中国政府在政策上对对外直接投资逐步放开。在本章，我们梳理了近年来中国政府对对外直接投资的制度安排，了解我国近年政府对 OFDI 的制度安排，可以更好地理解中国对外直接投资的现象，对中国的 OFDI 做出更合理的解释，同时也为后续的研究做准备。

在上一章对中国对外直接投资现状的梳理中,我们发现,中国的对外直接投资存在很大的地区差异,东部地区 11 省市在对外直接投资中的占比达到 70% 以上,而中西部省市占 30% 都不到。中国作为一个大国,各省级行政区域人口和经济规模一般相当于通常规模的国家,而且各省份间存在很大的差异(樊纲,2010)。各地的环境差异势必会影响到所在地区企业的经营行为,影响企业的对外直接投资。

本章的主要关注点是:第一,梳理近年中国对外直接投资的相关制度安排,包括政府的主要政策、法律和法规,为探讨制度与对外直接投资的关系做铺垫;第二,从地区差异角度对中国对外直接投资进行分析,以对中国的对外直接投资在空间上有一个认识。

第一节　中国对外直接投资的制度环境变迁

根据联合国贸发会(UNCTAD)的报告,2012 年,中国的对外直接投资流量首次位居全球第三,成为继美国和日本之后的世界第三大对外直接投资国。对于中国日益增长的对外直接投资,Buckley et al.(2008)、Cui&Jiang(2012)等学者认为,中国对外直接投资的制度安排是中国对外直接投资的决定因素。本章节梳理了中国"走出去"相关的制度安排,包括政府的主要政策、法律和法规,以探讨制度与对外直接投资的关系。

Karl P. Sauvant et al.(2014)等认为,中国对外直接投资的制度制定,一方面是中国政府想通过企业的对外直接投资培育具有国际竞争力的跨国公司;另一方面,面临国内和国际激烈竞争的中国企业要求政府制定相关的 OFDI 政策以方便企业更好地"走出去"。此外,中国政府的制度安排,具有政策倾斜性。中国政府鼓励和支持有利于国家发展的 OFDI,政府挑选某些特定的行业,比如资源类的 OFDI,并在其国际化的过程中对这些行业进行支持。企业在全球不同地区和经济领域进行对外直接投资,可以为国内经济转型提供更多的机会,并且为中国的国内经济增长提供更多的资源和机会。不仅如此,对外直接投资通过技术溢出还可以为中国的经济发展提供无形的资源,包括技术、品牌等。

一、国家对中国 OFDI 的制度安排

中国对外直接投资制度的建立是通过政府一系列的声明和政策而逐步形成的。在改革开放的初期,中国是比较典型的储蓄短缺和外汇短缺同时并存的"双缺口"格局,吸引外资可以同时弥补这两个缺口,而限制对外投资可以同时防止这两个缺口扩大(姚枝仲、李众敏,2014)。经过近 20 年的改革开放,中国在利用外资发展中国经济方面取得了显著的成效。到了 20 世纪 90 年代,中国完全变成了储蓄过剩和外汇过剩的"双过剩"局面(姚枝仲、李众敏,2014)。鉴于此,中国政府的政策做出了改变,从限制企业对外直接投资转向了鼓励对外直接投资,坚持"引进来"和"走出去"并举,相互促进。

中国政府于 2000 年十五届五中全会通过的《中共中央关于制定国民经济和社会发展第十个五年计划的建议》,标志着国家开始将"走出去"战略作为国家的正式战略。"第十个五年计划"提出,鼓励和支持拥有比较优势的各种所有制企业进行对外直接投资,扩大国际经济和技术合作的渠道和领域。之后在 2001 年的"第十个五年计划"的内向和外向 OFDI 会议上,重申了"走出去"战略是积极地、稳步地开展

对外直接投资,为在自然资源开发领域有能力的企业和在其他领域具有比较优势的企业进行对外直接投资提供便利,培育具有国际竞争力的跨国公司。之后在全国人大九届四次会议的"十五"计划纲要中正式表述了"走出去"战略。这一时期,政策主要鼓励三类对外直接投资,即可以带动中国出口的 OFDI,获取国外资源的 OFDI 和获取国外先进技术的 OFDI,要将开展境外加工贸易"带动出口"改为开展境外加工贸易"促进产品原产地多元化"。这意味着,政府引导市场把国内加工贸易生产转移至国外当作对外投资的主要方式之一,并且将加工贸易转移当作带动出口的手段改为了替代出口的手段。

2006 年上半年,国家发改委发布的"部门发展指导政策"列出了中国的对外直接投资国家禁止的、允许的和鼓励的行业。此外,发改委和中国进出口银行解释了对外直接投资可以优先获得国家信贷支持的项目,即国家优先支持为获得自然和战略资源以及国外市场的对外直接投资。2006 年后期政府的"十一五"规划纲要重申了对外直接投资的战略目标,包括更有效率地利用好国内和国外的两个资源和两个市场、完善经济结构调整、加强中国企业的国际竞争力、促进与对外直接投资国的合作、通过对外直接投资促进中国的经济发展。

2011 年,国家发布的"第十二个五年计划"提出了对外直接投资的发展方向,并就产业改革和升级以及外商直接投资和对外直接投资给出了意见。第十二个五年计划给企业提出了指导性的意见:从事生产外包的地区必须技术成熟,并且全球的需求大;在海外建立工业园,该地区的条件和环境必须具有优势;企业应当寻求关于能源和自然资源的开发和合作,建立自然资源多渠道的供给体系;加强在海外技术密集型地区进行研发中心建设,并且加强与国外机构和创新型企业的合作;大型的工程项目建设由有能力并且资本雄厚的大企业来完成,进行海外并购或者绿色投资,进行知识产权海外注册,建立全球营销和销售网络,以及区域销售中心,进行全球资源布局和价值链一体化。我们通过第十二个五年计划可以看到政府在促进中国对外直接投资中的作用,政府支持那些在自然资源项目上进行投资的中国企业,积极推动产业完成技术升级以及推动企业有效地进入国外市场。

2010 年的政府工作报告认为,对外直接投资是实现中国产能转移的途径之一。第十二个五年计划中,国家首次鼓励有能力的中小型私人企业进行对外直接投资,这也是顺应私营部门要求以及国家想要打造具有国际竞争力的跨国公司做出的政策改变。

二、各部门对中国 OFDI 的管理

对于国家的政策,国家发改委 2004 年 10 月 9 日颁布《对外直接投资项目审批暂行管理办法》,中国商务部于 2009 年 5 月 1 日颁布了《海外投资管理办法》,国务院颁布了一系列支持 OFDI 的管理办法及若干意见。这些管理办法主要是简化对外直接投资企业的审批流程,使得企业在对外直接投资的过程中能够独立决策,同时对商务部关于 OFDI 的政策进行加强和分类。

其中,中国商务部的管理办法旨在除了一些战略敏感行业外,放权给地方政府,简化 OFDI 的审批流程,由投资企业自主决定它们的 OFDI 项目是否可行,同时商务部依然从事双边和多边投资协议的谈判,并发布投资企业所在东道国的

法律法规。国家发改委也在不断简化 OFDI 的审批流程，2013 年 8 月 16 日，发改委发布了海外投资项目审批办法的征求意见稿(供咨询与评论)。从当前的制度管理框架来看，现在的管理办法与过去相比，管理上更为灵活，政府通过一系列的工具来促进中国的 OFDI。

在对外直接投资中，无论是国有企业还是私营企业，在进行对外直接投资活动前，都需要获得国家发改委和中国商务部的审批。中央国有企业还需要国有资产监管行政管理委员会的审批。

无论是商务部 2009 年的《办法》，还是发改委自 2004 年起颁布的一系列办法和通知文件(《临时办法(2004)》《补充文件(2009)》《完善境外投资项目管理办法的通知(2009)》和《简化海外投资项目审批程序的通知(2011)》)，都旨在简化中国企业海外投资项目的审批程序，缩短项目的审批时间，并对特殊项目的审批过程作了明确的规定。然而，由商务部和发改委两个相互独立的部级部门对 OFDI 的政策和法规进行设计，实施起来就会效率低下。由于重叠的流程，两部门的监管会引起额外的投资成本；由于官僚主义，会引起可能的审批延迟。不管怎样，到目前为止，中国已经有了关于 OFDI 的监管体制，这套监管体制的目标就是培育具有国际竞争力的中国企业和促进中国国内的发展。与大多数的发展经济体相比，中国有一整套完善的 OFDI 工具可以促进、支持和鼓励中国企业更好地走出去。这些工具包括信息提供、投资保险、财政和金融支持、发展援助项目和国际投资协议。而且相比于其他有类似 OFDI 政策的国家，中国的大多数 OFDI 政策服务于特定的产业。国有企业由于其规模庞大和与政府千丝万缕的联系，似乎更能从政府的政策中获益。一般来讲,大型的 OFDI 项目通常需要庞大的资金、金融杠杆和来自国内金融制度的风险保护,而对于中小型的私营企业来说,很难获得这样的支持。

不理解中国的国内发展目标,尤其是工业转型,就不能真正理解中国的 OFDI 制度安排(Karl P. Sauvant et.,2014)。通过商务部和发改委的审核,中国政府会向 OFDI 项目提供特殊的支持,以期能够达到国家的发展目标。达到了 OFDI 的目标后,又需要中国国内进一步的制度改革。

第二节　中国各地区差异对 OFDI 的影响分析

一、问题背景

从上一章对中国对外直接投资现状的分析来看,自商务部公布中国的对外直接投资数据以来,中国的对外直接投资飞速发展。自 2012 年以来,连续 3 年中国的对外直接投资流量名列按全球国家(地区)排名的第 3 位。然而,在对外直接投资中,中国的对外直接投资表现出极大的地区不均衡性,对外直接投资主要集中在东部省市,东部地区的对外直接投资占了所有对外直接投资当年流量的 70% 以上,而中、西部省市只占不到 30%。我国省市间对外直接投资存在巨大的差异。

中国的对外直接投资由于发展速度快,增长强劲,从而吸引了越来越多的学者对中国企业对外直接投资的各种特征进行研究。学者们从宏观层面和企业微观层面对中国对外直接投资的动因(Morck et al,2008;Deng,2009;Rui and Yip,2008;代中强,2008)、决定因素(Buckley et al.,

2007;阎大颖、洪俊杰、任兵,2009)、企业国际化进入模式和战略(Mayer et al.,2009;黄速建、刘建丽,2009)、企业国际化程度和绩效的关系(杨忠、张骁,2009)等问题进行实证和理论分析。然而,在文献梳理时,我们发现已有的分析通常从宏观层面展开,将母国作为一个整体,这实质是假定一国内部各地区的制度是以相同方式和程度影响不同地区企业的对外直接投资的,这种做法没有考虑母国不同地区在制度上的异质性。在中国,各地区不仅在制度上存在差异,而且同一制度在不同地区对企业行为的影响也不尽相同。因此,本章节从地区环境差异的角度对中国对外直接投资进行分析。

二、理论分析与假定

一个国家或者地区的对外投资活动受多方面因素的影响,在前人研究的基础上,结合中国各地区的特征,本书从各地区的制度、金融和经济发展等角度对影响中国地区间对外直接投资差异的因素进行分析。

(一)各地区制度质量对中国对外直接投资的影响

Williamson(1985)和 North(1990)认为,制度是创建有序的秩序,并降低市场的不确定性以促进社会经济活动的顺利进行。中国作为一个大国,各省级行政区域的规模相当于一般规模的国家,而且由于各种各样的原因,我国各省份在多方面存在较大的差异。从制度观的角度来看,制度较好的国家或者地区,经济环境比较好,该国家或者地区内的企业面临的不确定性比较低,有利于企业在该地区开展经营活动。从现实数据来看,我国各地区在制度上表现出较大的差异,具体到地区的经济结果有很大的不同,经济发展好的地区集中在东部地区,中西部地区主要为经济发展落后地区,而这就引致中国对外直接投资产生巨大的地区差异。根据这一分析,本书提出如下假设:

假设1:各地区的制度质量与对外直接投资呈正相关关系。

（二）各地区经济发展对中国对外直接投资的影响

Dunning于1981年提出了投资发展周期（IDP）理论。该理论认为,一国的对外直接投资受该国经济发展水平的影响。在经济发展的早期,随着一国经济的发展和人均GDP的提高,该国的市场规模逐渐扩大,经济环境改善,区位优势增强,这时外商直接投资（IFDI）迅速增加。之后,随着一国经济的进一步发展和人均收入的增加,该国的企业在国际市场上逐渐拥有所有权优势和内部化优势,并进而进行对外直接投资（OFDI）。因此,我们提出:

假设2:各地区的经济发展水平与对外直接投资规模呈正相关关系。

（三）各地区金融发展对中国对外直接投资的影响

我国各地区的金融发展水平存在较大差异,表现为各地区间不同的金融系统运行效率、金融要素流动规模、金融市场容量和金融结构,以及金融资产的存量和质量的差别等。根据王伟等（2013）的研究成果,我们假设:

假设3:金融发展可以显著促进一个国家或者地区的海外直接投资。

（四）各地区研发投入（R&D）对中国对外直接投资的影响

Hymer（1960）提出垄断优势论,认为发达国家的跨国公司凭借其特定的垄断优势从事对外直接投资,与东道国的企业进行竞争。针对发展中国家的对外直接投资，Wells（1977）和拉奥（1983）分别提出了小规模技术优势和技术地方化优势，认为发展中国家的跨国企业拥有为市场服务的生产技术，从而获得特定的竞争优势。因此，我们认为一个国家或者地区的企业的对外直接投资建立在该企业拥有某种特定的垄断优势，而垄断优势的提高来源于该国或者地区的科研经费投入，本书提出：

假设 4：我们预期科技经费投入与对外投资额之间有正相关关系。

（五）各地区对外贸易对对外直接投资的影响

Vernon（1966）认为，投资前的出口可以降低企业在国外生产的风险；Johanson & Vahnle（1997）认为，跨国公司在对外扩张的过程中，先通过贸易积累起来的经验拓宽对东道国市场的认识，之后再进行投资，以此来降低投资风险。基于此，本书提出：

假设 5：我们预期各地区的对外贸易（即对外开放度）与该地区的对外投资额呈正相关关系。

（六）各地外商直接投资（IFDI）对中国对外直接投资的影响

Ellingsen（1999）认为，一国或者地区的对外直接投资是由于受到外来企业直接投资的威胁，本土企业采取的一种策略性行为。因此，我们提出：

假设 6：我们预期地区吸引的对外直接投资越多，其对外直接投资的动机越强烈，二者呈正相关关系。

三、实证模型、数据来源与处理

（一）实证模型

在以往研究的基础上，结合本书的研究目的，我们选用了简约型（reduced-form approach）计量实证模型，简约型模型的好处在于它不依赖某特定理论，也不依赖某特定环境。根据本书的假定，回归方程如下：

$$\mathrm{lnofdi}_{it} = \alpha_0 + \alpha_1 \mathrm{index}_{it} + \alpha_2 \mathrm{lngdp}_{it} + \alpha_3 \mathrm{lnexp}_{it} + \alpha_4 \mathrm{lnrdnum}_{it} + \alpha_5 \mathrm{lnifdi\_1}_{it} + \alpha_6 \mathrm{FINDEX}_{it} + v_{it}$$

其中，下标 i 代表不同的省市，t 代表时间，v_{it} 为随机扰动项，lnofdi_{it} 表示取对数值的中国各地区对外直接投资额，其他项为本书的所有解释变量，包括代表中国各地区制度变量的市场化指数，代表各地区市场规模的实际 GDP 的对数值等。

（二）变量描述

因变量（OFDI）：衡量中国各地区的对外直接投资水平。由于研究的目的不同，之前的研究有的采用 OFDI 的流量数据，有的采用存量数据。考虑到流量数据没有滞后效应，能够反映经济状况的当期发展和变化等因素，本书的对外直接投资额采用流量数据。

根据前面的假设，本书选取解释变量如下：

制度质量：衡量中国各地区总体的制度水平。樊纲等（2010）建立了中国各地区市场化进程指标体系，本书采用该指数作为制度质量的代理变量，该指数的取值范围从 0.00 到 11.71，数值越大，表示制度的质量越高。

经济发展：表示中国各地区的经济发展水平。它用各地区的剔除了价格因素的实际生产总值（GDP）来表示。

金融发展：衡量中国各地区的金融发展水平。一个国家金融发展水平的常用指标是 M2/GDP，本书研究的是我国各个省市的金融发展水平，由于各个省市没有 M2 的统计数据，本书采用 Christopoulos 和 Tsionas（2001）的方法，用各个省市的年末存贷款余额/GDP 度量的存贷款规模来衡量各个省市的金融发展水平。

研发与投入:衡量中国各地区的科研投入水平,以间接地度量各地区对外直接投资企业的垄断优势。目前理论研究中关于技术指标的测度,主要使用 R&D 经费和专利数作为科技投入产出的指标。已有研究常使用研发支出作为创新活动的代理变量(Clegg,1987),本书使用科技经费支出作为衡量各地区技术能力的指标。

对外开放度:衡量中国各地区的贸易开放程度,采用各省市的出口数据和进出口数据。

外商直接投资:衡量中国各地区吸引外商直接投资的水平。一国或地区的企业只有在感到存在外部威胁时才会进行对外直接投资,在一个地区吸引对外直接投资,做出投资决策和形成实际生产能力间存在时滞,因此,该变量为滞后一期的变量 ifdi-1。

(三)数据来源与处理

考虑到中国各地区间的差异性,本研究使用省级数据。根据数据的一致性和可获得性,本书选取 2003—2009 年中国各省(直辖市、自治区)的对外直接投资数据进行面板实证分析(不含港澳台,西藏的数据在各变量统计中不完整,故样本中将西藏的数据剔除),对于有些省份缺失的数据或者行政区划调整导致的异常,本书采用前后期的算术平均数方法进行弥补,由此可以得到从 2003 年到 2009 年 30 个地区的面板数据。表4.1 列出了各变量的定义和基本的描述性统计特征,表 4.2 为各变量的预期符号。各省、直辖市、自治区的对外直接投资原始数据来自《中国对外直接投资统计公报》,研发投入数据来自中国科技部网站历年《中国科技年鉴》,各地区 GDP 和人均 GDP 来自《中国统计年鉴》,各地区的贸易数据、金融发展数据来自《中国金融年鉴》。

表 4.1 各变量的统计性描述

变量	定义	单位	均值	标准差	最小值	最大值
lnofdi	各省(自治区、直辖市)的 OFDI	万美元	8.014	2.080	1.792	11.73
index	各省(自治区、直辖市)的制度质量	分	6.926	1.953	2.600	11.80
lnexp	各省(自治区、直辖市)的对外开放度	万美元	4.364	0.956	0	5.347
lnrdnum	各省(自治区、直辖市)的研发投入	亿元	4.316	0.971	0	6.365
lngdp	各省(自治区、直辖市)的经济发展	亿元	8.258	0.872	5.967	9.872
FINDEX	各省(自治区、直辖市)的金融发展水平	1	3.713	1.650	1.716	14.35
lnifdi-1	各省(自治区、直辖市)吸引的 OFDI	万美元	11.65	1.694	7.336	14.74

表 4.2　各变量预期符号

变量	预期符号	变量	预期符号
index	＋	FINDEX	＋
lngdp	＋	lnifdi-1	＋
lnexp	＋	lnrdnum	＋

四、估计方法、实证结果分析与解释

(一)估计方法

研究地区环境差异对对外直接投资的影响,我们使用面板数据。对于不同的个体,面板数据可以控制无法观测或者测量的变量对 OFDI 的影响,面板数据避免了截面数据和时间序列数据的诸多问题,使得结果更为可靠。

但是在处理面板数据时,应该使用固定效应模型还是随机效应模型呢?固定效应模型假设个体效应与其他解释变量相关,而随机效应模型假设这些不相关。究竟使用固定效应模型还是随机效应模型,我们可以进行豪斯曼检验。检验的原假设为随机效应模型,为正确模型。无论原假设成立与否,随机效应都是一致的。如果原假设不成立,则随机效应无效,应当使用固定效应模型。本书使用软件 STATA 12.0 进行回归分析,Hausman 检验结果表明,固定效应模型优于随机效应模型。

(二)实证结果分析

1.全国总样本的计量分析

表 4.3 是针对我国地区环境差异对对外直接投资影响的全国总样本回归结果。

表 4.3 全国总样本影响因素的估计结果

变量	(1)	(2)	(3)	(4)	(5)	(6)
	lnofdi	lnofdi	lnofdi	lnofdi	lnofdi	lnofdi
Index	1.4539***	0.6245***	0.6281***	0.6246***	0.5760***	0.4986***
	(13.56)	(3.78)	(3.80)	(3.76)	(3.06)	(2.66)
lngdp		8.0945***	8.2083***	8.3047***	5.9047***	4.8742***
		(6.21)	(6.26)	(6.21)	(3.89)	(3.14)
lnexp			-0.0855	-0.0860	-0.0176	-0.0044
			(-0.86)	(-0.87)	(-0.17)	(-0.04)
lnrdnum				-0.0322	0.0733	0.0658
				(-0.39)	(0.92)	(0.84)
lnifdi-1					0.5396***	0.4043**
					(2.80)	(2.04)

续表

变量	(1)	(2)	(3)	(4)	(5)	(6)
	lnofdi	lnofdi	lnofdi	lnofdi	lnofdi	lnofdi
FINDEX						0.2360**
						(2.39)
_ cons	−2.2027***	−63.7026***	−64.3000***	−64.9348***	−51.5900***	−41.8179***
	(−2.91)	(−6.41)	(−6.45)	(−6.42)	(−4.75)	(−3.65)
N	201	201	201	201	175	175
R^2	0.520	0.609	0.611	0.611	0.592	0.608
adj.R^2	0.435	0.537	0.536	0.534	0.493	0.509

注：*、**、*** 分别表示在 10%、5% 和 1% 的水平上显著，括号内为 t 统计值。

　　模型显示,制度质量指标的系数显著为正,且在模型中通过了1%的显著性水平检验,说明市场化程度越高的地区,对外直接投资水平越高,这一结果与我们的预期相一致。从回归结果可以看出,无论是哪一个模型,市场化指数的系数都显著为正。我国自改革开放后的市场化改革改善了资源配置效率和微观经济效率,并且取得了很大的成就。但由于各种历史原因,市场化改革在地区之间存在着巨大的不平衡,与其他的省(直辖市、自治区)相比,东部沿海省市的市场化程度要明显偏高。市场化程度越高的地区,其资源配置效率越高,与其他地区相比,该地区的企业效率越高。Bernard等(2007)指出,由于对外直接投资要承担一定的成本,包括海外市场调研费用、建立海外市场销售网络费用等,只有生产率较高的企业才能赚取足够的利润来补偿相应的成本,所以,只有生产率最高的企业才能进行对外直接投资。

　　实际 GDP 对我国地区对外直接投资差异的影响在1%的显著性水平上为正,模型 6 的结果表明,一个地区的 GDP每增加一个百分点,该地区的对外直接投资增加将近5 个百分点,这一结果符合邓宁的关于经济发展阶段与对外直接投资关系的理论。改革开放之后,我国地区经济发展极不平衡,东部沿海省市的经济总量明显高于其他地区,这引致了东部地区的对外直接投资水平高于中西部地区。

　　金融发展水平高的国家或者地区具有更完善的金融体系,Caballero 等(2008)研究得出,金融发展水平越高的国家或者地区对投资者的红利分配的比例越高,对投资者产生更大的投资收益,则该国或者地区可以提供更多的资产供给。

而在金融发展水平较低的国家或者地区,Ju and Wei(2010)认为,由于信息不对称等因素导致这些金融发展水平低的国家或者地区投资收益的成本增加,投资者所得收益低于金融利率收益。鉴于此,本书认为,东部的金融发展水平高于中西部地区的省市,这引起了省市间对外直接投资的差异。从回归结果来看,各省市的金融发展水平对对外直接投资有显著的正影响。

从回归结果来看,滞后一期的外商投资额系数为正,通过了 5%的显著性水平检验。各省市吸引的外商直接投资每增加 1 个百分点,则各省市的对外直接投资上升 0.4 个百分点。这一结果符合本书的假设,针对发展中国家的对外直接投资,西方学者认为这些地区的企业对外直接投资是出于本土市场受到外来企业投资的威胁而采取的策略性行动。一个地区吸引的对外直接投资越多,则出于策略性考虑,该地区企业的对外直接投资也会增多。

研发投入对各地区的对外直接投资的影响不稳定,但没有通过显著性检验。这个结果表明,虽然我国各省市的研发投入和专利申请在不断增加,但对各省市企业是否进行对外直接投资并不起显著的作用。这说明,外国学者的垄断优势论、小规模技术优势和技术地方化优势理论都不能充分解释为什么我国各省市要进行对外直接投资。

对外开放度的系数为负,但都没有通过显著性检验。这一结果虽然与本书之前的假设相反,但根据 Mundell(1957)的投资与贸易替代模型,在存在贸易壁垒的情况下,各地区的企业对外直接投资主要是为了规避关税、非关税等贸易壁垒,从而改为到目标国进行直接投资,进而投资对贸易产生了替代的作用。这表明,越是对外开放度高的省市,其对外投资额越高。

2.分地区的计量分析

表 4.4、表 4.5 和表 4.6 分别给出了影响东部地区和中西部地区对外直接投资的因素的估计结果。

从东部地区来看,随着控制变量的增多,与全国的样本相比,制度促进东部企业走出去的效果越来越不明显,统计上越来越不显著。金融发展对东部地区企业走出去有显著的正的影响。出口、经济发展、研发和外商直接投资(IFDI)的系数均不显著。

从中西部地区来看,制度和各省市的外商直接投资(IFDI)对中西部地区企业走出去有显著的正的影响,金融发展对中西部地区对外直接投资的影响不显著。出口和研发对中西部地区的对外直接投资影响不显著。

东部和中西部地区这种在对外直接投资上的影响因素的差异,可能是由于东部地区在中国改革的过程中,市场化的程度比中西部地区更高一些,表现为东部地区政府对市场的干预更少一些,法律的执行更有效率,非国有经济的发展东部地区更活跃等。由于东部地区的市场环境好,因此,金融发展更好一些,而金融发展的好坏直接关系到企业的利益。企业在走出去时面临比国内更加复杂的环境和更高的相关成本,东部地区的金融发展好可以为企业提供更多的资金支撑,以支持企业顺利进行对外直接投资。

表 4.4 东部地区影响因素的估计结果

变量	(1)	(2)	(3)	(4)	(5)	(6)
	lnofdi	lnofdi	lnofdi	lnofdi	lnofdi	lnofdi
Index	1.1403***	0.4363*	0.4273*	0.4152	0.5196*	0.4236
	(8.23)	(1.75)	(1.67)	(1.59)	(1.93)	(1.60)
lngdp		8.7573***	8.8747***	9.1857***	2.9935	1.8935
		(3.31)	(3.24)	(3.03)	(0.69)	(0.45)
lnexp			-0.0342	-0.0307	0.2222	0.2571
			(-0.19)		(1.13)	(1.34)
lnrdnum				-0.0338	0.1383	0.1522
					(0.91)	(1.04)
lnifdi-lag					0.8815	0.4037
					(1.40)	(0.62)

续表

变量	(1) lnofdi	(2) lnofdi	(3) lnofdi	(4) lnofdi	(5) lnofdi	(6) lnofdi
FINDEX						0.2697** (2.14)
_cons	−0.8986 (−0.73)	−72.1194*** (−3.35)	−73.0097*** (−3.29)	−75.5231*** (−3.08)	−34.9667 (−1.12)	−19.5423 (−0.63)
N	75	75	75	75	65	65
R^2	0.518	0.591	0.591	0.591	0.569	0.606
adj.R^2	0.434	0.511	0.504	0.496	0.437	0.475

注：*、**、***分别表示在 10%、5% 和 1% 的水平上显著，括号内为 t 统计值。

表 4.5　中部地区影响因素的估计结果

变量	(1) lnofdi	(2) lnofdi	(3) lnofdi	(4) lnofdi	(5) lnofdi	(6) lnofdi
Index	1.4303*** (8.11)	0.9437** (2.22)	1.0054** (2.36)	0.9970** (2.30)	1.0550* (1.98)	0.9590* (1.87)
lngdp		4.8366 (1.26)	5.1360 (1.34)	5.2389 (1.34)	13.0593*** (3.19)	10.6053** (2.57)
lnexp			−0.2858 (−1.14)	−0.2815 (−1.11)	−0.1938 (−0.77)	−0.1427 (−0.59)
lnrdnum				−0.0413 (−0.20)	−0.0181 (−0.09)	0.0582 (0.31)
lnifdi-lag					−0.7414 (−1.51)	−0.9162* (−1.91)

续表

变量	(1)	(2)	(3)	(4)	(5)	(6)
	lnofdi	lnofdi	lnofdi	lnofdi	lnofdi	lnofdi
FINDEX						0.5838*
						(1.91)
_cons	−1.1802	−38.6166	−40.2099	−40.8520	−98.8591***	−77.9379**
	(−1.04)	(−1.30)	(−1.35)	(−1.35)	(−3.28)	(−2.52)
N	49	49	49	49	42	42
R^2	0.616	0.631	0.643	0.643	0.699	0.733
adj. R^2	0.550	0.557	0.560	0.549	0.589	0.622

注：*、**、***分别表示在10%、5%和1%的水平上显著；括号内为 t 统计值。

表 4.6　西部地区影响因素的估计结果

变量	(1) lnofdi	(2) lnofdi	(3) lnofdi	(4) lnofdi	(5) lnofdi	(6) lnofdi
index	2.1768***	1.1072***	1.1306***	1.1354***	0.6547	0.7203*
	(8.38)	(3.00)	(3.05)	(3.02)	(1.55)	(1.16)
lngdp		7.2840***	7.3480***	7.3005***	3.8982*	2.6814
		(3.76)	(3.78)	(3.67)	(1.89)	(1.16)
lnexp			−0.1179	−0.1169	−0.2616*	−0.2523
			(−0.80)	(−0.79)	(−1.69)	(−1.63)
lnrdnum				0.0188	0.0633	0.0580
				(0.14)	(0.49)	(0.45)
lnifdi-lag					0.8956***	0.7177**
					(3.29)	(2.30)

续表

变量	(1) lnofdi	(2) lnofdi	(3) lnofdi	(4) lnofdi	(5) lnofdi	(6) lnofdi
FINDEX						0.2626 (1.14)
_cons	-5.0945*** (-3.51)	-55.0217*** (-4.13)	-55.1467*** (-4.12)	-54.8923*** (-4.03)	-34.6387** (-2.52)	-24.8697 (-1.54)
N	70	70	70	70	62	62
R^2	0.548	0.638	0.642	0.642	0.630	0.641
adj.R^2	0.462	0.561	0.558	0.551	0.510	0.513

注：*、**、***分别表示在10%、5%和1%的水平上显著；括号内为t统计值

本章小结

文章运用我国 2003—2009 年的省级面板数据,考察了地区差异对我国对外直接投资的影响。综合以上的分析结果,与已有的研究成果不同,我们得出,从全国层面来看,各地区的制度质量、经济总量(GDP)、吸引的外商直接投资(IFDI)和金融发展等因素对我国的对外直接投资有显著的正的影响。从地区内部来看,在控制了其他变量后,我国不同地区的对外直接投资的影响因素不同,制度对东部地区省市的对外直接投资影响不显著,而中西部地区的对外直接投资显著地受制度的影响;金融发展对东部地区的对外直接投资影响显著,对中西部地区的影响不显著。

经过 30 多年的改革开放,中国在利用外商直接投资发展中国经济方面取得了显著的成功。面对中国储蓄过剩和外汇过剩的"双过剩"局面,中国政府的政策做出了很大改变,从限制企业对外直接投资转向了鼓励对外直接投资,开始了坚持"引进来"和"走出去"并举的局面。"第十个五年计划"提出,鼓励和支持拥有比较优势的各种所有制企业进行对外直接投资,拓宽国际经济和技术合作的渠道和领域。这为私营企业的对外直接投资在政策上给予了一定的支持,但不能改变我国的对外直接投资以国有企业为主导的事实。然而,以国有企业为主导的对外直接投资也是基于国家的发展需要的,政府支持那些在自然资源项目上进行投资的中国企业、能够获取国外先进技术的中国企业、能够积极推动中国产业完成技术升级的企业进入国外市场。从政府的政策来看,我国政府在企业"走出去"的过程中起到了重要的作用。在政府鼓励和支持国有企业进行对外直接投资的同时，在我国面临产能过剩的情况下，第十二个五年计划中，国家首次鼓励有能力的中小型私人企业进行对外直接投资，这也是顺应私营部门要求以及国家想要打造具有国际竞争力的跨国公司做出的政策改变。此外，各部委不断简化对外直接投资企业的审批流程，在对企业的对外直接投资管理上采取更为灵活的办法，政府通过一系列的政策工具来促进我国更多的企业"走出去"。由此，中国企业的对外直接投资带有明显的制度安排。

在商务部、发改委和国资委（中央国有企业）的共同管理下，中国的对外直接投资取得了迅猛的发展。然而，中国的对外直接投资表现出极大的地区不均衡性，对外直接投资主要集中在东部省市，东部地区的对外直接投资占了所有对外直接投资当年流量的70%以上，而中、西部省市只占不到30%。通过理论和实证分析，我们发现，制度极大地影响了各地区对外直接投资的差异。制度对东部地区省市的对外直接投资影响不显著，而中西部地区的对外直接投资显著地受制度的影响；从金融制度安排来看，金融发展对东部地区的对外直接投资影响显著，对中西部地区的影响不显著。我国地区制度环境的差异影响了我国的对外直接投资。

第五章 中国对外直接投资的影响因素：基于母国的视角

对于中国对外直接投资的决定因素，学者从东道国角度研究的较多，一些学者认为追寻海外市场和自然资源、获取国外战略资源以及效率寻求是中国进行对外直接投资的动因（李磊，郑昭阳，2012；陈恩，陈博，2015；葛振宇，湛泳，2015）。也有学者从母国角度进行研究，这些学者从国内GDP、人均GDP、通货膨胀率、外商直接投资等角度研究对外直接投资的影响因素（官建成，王晓静，2007；温磊，2013）；也有学者从新新贸易理论视角研究"生产率"是否影响了中国企业的对外直接投资（汤二子，李影，张海英，2011；田巍，余淼杰，2012；戴翔，2013）。通过前面章节对文献的梳理以及对中国对外直接投资现状和发展阶段的剖析，本章从母国的角度对中国对外直接投资的决定因素进行分析。由于发展中国家的对外直接投资企业不具备发达国家企业的特质，因此，研究发展中国家的对外直接投资应当从制度的角度入手，强调制度应该成为影响发展中国家 OFDI 的重要因素（Child and Rodrigues，2005；Buckley，2007；Peng et al，2008；Voss，2010）。因此，本章将在第四章母国的地区制度环境差异对对外直接投资的影响研究的基础上，继续探究影响中国对外直接投资的制度因素，分析制度对对外直接投资的影响机制。此外,在梳理文献的过程中,我们发现,现有文献从母国金融抑制和人口结构的视角探讨对外直接投资影响因素的文献较少,本章也将从这两个角度探讨,以期对中国对外直接投资在理论和实证上进行可能的补充。

第一节　中国对外直接投资的影响因素:基于母国制度的视角

一、相关文献综述

2003 年以后,随着"走出去"战略的实施,我国对外直接投资(Outward Foreign Direct Investment,以下简称 OFDI)进入了飞速发展时期。根据 2014 年联合国贸发会议(UNCTAD)的《世界投资报告》,2013 年,中国的 OFDI 存量位居按全球国家(地区)排名的第 11 位,流量位居第 3 位。随着中国 OFDI 活动的加快,越来越多的学者开始了对中国 OFDI 活动的研究。

是什么因素影响了中国的对外直接投资突飞猛进的增长?学者们从不同角度探讨了我国 OFDI 的影响因素,例如,一些学者认为追寻海外市场和自然资源、获取国外战略资源以及效率寻求是中国进行对外直接投资的动因(李磊,郑昭阳,2012;陈恩,陈博,2015;葛振宇,湛泳,2015);一些学者从国内 GDP、人均 GDP、通货膨胀率、外商直接投资等角度研究对外直接投资的影响因素(官建成,王晓静,2007;温磊,2013);也有学者从新新贸易理论视角研究"生产率"是否影响了中国企业的对外直接投资(汤二子,李影,张海英,

2011;田巍,余淼杰,2012;戴翔,2013)。由于发展中国家的对外直接投资企业不具备发达国家企业的特质,因此,研究发展中国家的对外直接投资应当从制度的角度入手,强调制度应该成为影响发展中国家 OFDI 的重要因素(Child and Rodrigues,2005;Buckley,2007;Peng et al,2008;Voss,2010)。在对中国对外直接投资影响因素的分析中,Buckley et al.(2007)、阎大颖等(2009)和侯文平(2014)指出,资本市场的不完全、政府的政策扶持等因素使得中国企业在海外投资中具有一定的优势。制度作为一个影响中国对外直接投资的重要因素,在中国企业"走出去"的过程中扮演了重要的角色。

有关中国对外直接投资制度方面的研究已有不少文献,学者们主要从三个角度进行研究。其一是从母国制度的角度(阎大颖,洪俊杰,任兵 2009;陈岩,杨桓,张斌 2012)。这方面的学者认为,中国特殊的因素包括制度因素等影响了企业 OFDI 的行为。Buckley 等(2007)研究中国的 OFDI 决定因素发现,中国的企业在"走出去"的过程中由于具有获取资源的特有途径和能力,因此具备了一定的优势。陈岩等(2012)运用制度调节变量的研究方法,研究发现:制度对对外直接投资的影响存在着地区差异,制度通过调节作用促进了不同类型的资源在对外直接投资中的作用。郑展鹏、刘海云(2012)运用省际面板数据,分析制度和 OFDI 的关系,研究发现:经济制度和法律制度与我国的对外直接投资水平呈正相关关系。其二是从东道国的角度(项本武,2009;陈松,刘海云,2012)。这方面的学者认为,东道国的制度质量是影响我国企业"走出去"的因素。一般认为,东道国的政治、经济环境和产权、法律环境等制度因素越是稳定和成熟,投资国的企业越愿意到这些国家进行投资。其三是从母国和东道国之间制度距离的角度(刘晶,朱彩虹,2012;岳咬兴,范涛,2014)。这方面的学者认为,中国与东道国的制度差异是中国 OFDI 的原因和影响区位选择的因素。学者们一般认为,母国与东道国之间的制度距离太远,不利于企业 OFDI 行为的发生,母国企业更愿意到制度距离较近的国家进行投资,这方面的研究包括 Johanson et al.(1977)、杨中等(2009)。但也有观点认为,母国与东道国的制度差异可能为进行对外直接投资的某些企业提供了比较优势,使得发展中国家如中国更善于到风险高的国家进行投资(Rugman et al.,2007 等)。梳理近年文献,我们发现:目前对中国 OFDI 从母国制度性因素进行研究的文献还比较欠缺,而且已有的大部分文献主要将中国作为一个整体从宏观层面来考察制度对中国 OFDI 的影响,忽略了中国作为一个庞大的国家,各地区无论是在政策环境还是经济环境均存在很大的差异(樊纲,2010),而且解释变量的选取要尽量能够全面,本书将弥补现有文献研究的不足。

本书从母国制度的视角,关注制度对中国对外直接投资的影响,特别是从市场化进程和知识产权保护程度的视角对对外直接投资的影响进行研究,主要原因有以下两点:第一,中国自 1978 年开始从计划经济体制向市场经济体制转变,到现在中国仍然是经历从计划经济向市场经济转轨的国家。市场化作为一种从计划经济向市场经济过渡的体制改革,是一系列经济、社会、法律制度的变革,或者说是一系列的大规模的制度变迁(樊纲等,2010)。所以,市场化进程更能全面反映中国的制度质量。而之前的研究从制度的一个或者几个方面进行研究,例如,陈岩等(2012)选用政府财政支出占GDP 的比重作为制度的代理变量,虽然具有一定的意义,但却是不全面的。第二,根据新制度经济学的观点,制度是一个社会的博弈规则,是人为设计的、形塑人们互动关系的,包括正式规则(政治、经济规则以及契约等法律法规)约束和非正式规则(价值信念、伦理规范、道德观念等)约束,也为企业决策提供了相应的激励安排(North,1990;Scott,1995)。根据 Beck(2005)、Claessens(2003)和 Cull(2005)的研究,知识产权保护等制度因素对企业的成长机会、资源分配和投资行为等产生了多方面的重要影响。与发达国家企业的 OFDI 行为相比,中国企业的对外直接投资并不具备 Hymer 和 Dunning 所认为的所有权优势(比如技术、专利等)。然而,产权制度和政府的政策可能会通过影响企业的人才和技术等要素,进而对企业的所有权优势产生影响(Dunning;熊伟;阎大颖)。知识产权保护作为影响企业行为的重要制度安排,将会影响到企业的研发和创新行为。而现有的研究要么只分析知识产权保护对对外直接投资的影响(郑海鹏,刘海云,2012),要么只分析所有权优势(R&D)对对外直接投资的影响(官建成,王晓静,2007),鲜有文献将知识产权保护作为所有权优势(R&D)的调节变量进行分析。鉴于此,我们从知识产权保护的视角分析其对我国企业对外直接投资的影响,考察在产权制度的影响下,我国的技术是否对对外直接投资产生影响。

二、理论分析和假设

(一)市场化进程对中国 OFDI 的影响

市场化进程并不表明中国各地区离市场经济有多远,它是一个相对的概念(樊纲,2010)。由于中国目前还处于经济体制转型期,中国经济改革研究基金会国民经济研究所编制的中国市场化进程指数较为全面地反映了我国的制度变迁①,提供了更加丰富的市场化内涵,因此,我们用这一概念度量中国的制度水平。

Dunning 的国际生产折中理论(OIL)认为,跨国企业只有拥有所有权优势(O)、内部化优势(I)和区位优势(L)才会进行 OFDI。越来越多的学者认识到,发展中国家企业的 OFDI 并不具备传统的 OIL 所提到的优势,但是发展中国家的 OFDI 依然在迅速增长,传统的 OIL 理论在解释发展中国家的 OFDI 行为时显得无能为力。Peng 等学者认为,研究发展中国家的 OFDI 应考虑制度的因素。制度因素在对外直接投资动因的解释中起着重要的作用。

制度指的是社会中的"游戏规则"(North, 1990)。这些规则包括政治的、经济的或者社会的约束以协调经济中各要素的协作。制度可以降低市场的不确定性,并促进社会经济活动的顺利进行(张建红,周朝鸿,2010)。从制度观的角度来看,制度较好的国家或者地区,经济环境比较好,该国家或者地区内的企业面临的不确定性比较低,有利于企业在该地区开展经营活动(侯文平,2014)。Globerman 和 Shapiro(2002)研究企业对外直接投资与母国制度的关系时发现,母国制度环境改善可以促进企业更多地投资到海外。借鉴这些思想,本书认为,市场化进程快的地区可以促进该地区更

---

①　中国经济改革研究基金会从政府与市场的关系、非国有经济的发展、产品市场的发育程度、要素市场的发育程度、市场中介组织发育和法律制度 5 个方面衡量市场化进程。

多的企业到海外进行 OFDI。基于此,本书提出如下假设:

假设 1:市场化进程与对外直接投资呈正相关关系。

（二）金融发展对 OFDI 的影响

企业进行对外直接投资需要先投入大量的固定成本。为了确定有利可图的目标市场及其特征,企业需要做市场调研;为了迎合国外顾客的需求和法规的要求,产品可能要重新设计,以及分销渠道和服务的渠道都需要建立(Roberts and Tybout,1997)。此外,更为重要的是,企业的每一项对外直接投资项目都需要建立或者购买生产设施(Helpman et al.,2004),而这都需要投入大量的固定成本,再加上对外直接投资活动面临的额外风险,使得企业要为对外直接投资活动进行更多数量和更高成本的融资,因而对外直接投资活动更容易受到企业所在地区金融发展的影响。Campello et al. (2009)对金融危机期间亚洲、欧洲和美国的 1050 位首席财务官(CFO)进行了调查,其中 86% 的美国 CFO 认为,2008年次贷危机很大程度上受到金融发展的影响,而金融发展好的地区可以改善企业的融资环境,其间由于融资受到约束,企业的投资行为受到了限制。企业的对外直接投资活动,降低了企业的融资成本,增加其融资数量,减少企业面临的融资约束,进而促进该地区的对外直接投资。鉴于此,我们提出假设:

假设 2:金融发展与对外直接投资呈正相关关系。

（三）市场化进程对金融发展的调节作用

Buckly(2007)认为,在考察中国对外直接投资的决定因素时,应当在跨国公司一般理论模型中考虑加入资本市场的不完全这一因素。实际上,效率低下的中国企业能够在对外直接投资中生存，总体上归因于当地政府和官员推进的软预算约束，这导致银行和其他金融机构既不能重组企业，也不能退出企业（Lardy，1998）。借鉴这些思想，我们认为在市场化进程慢的省市，政府对公共资源拥有更多的分配权，政府有权力将金融资源在不同的企业进行分配，政府会根据政策的目标而不是通过市场调节将金融资源分配给相关企业；而在市场化进程快的省市，由于政府对市场的干预降低，与市场化进程慢的省市的企业相比，企业在对外直接投资的过程中受政府的影响变小，相对来说，金融发展的影响要低一些。据此，我们认为受政府制度的影响，金融发展对 OFDI 的影响强度会发生变化。由此，我们提出如下假设：

假设 3：市场化进程和金融发展对企业 OFDI 的影响存在替代效应。

（四）研发投入对对外直接投资的影响

Hymer（1970）的垄断优势理论、Buckley & Casson（1976）的内部化理论以及 Dunning（1988）的国际生产折中理论（OIL）一致认为，由于跨国公司拥有某种独占性的生产要素优势，如先进的技术与知识、管理能力、信息网络等优势，进而进行对外直接投资。企业通过对外直接投资，可以充分利用这些垄断优势，以实现超额利润。

Barney（1986）认为，研发资源为企业创造储备了科学技术知识，使企业有能力生产不同于其他企业的差异化产品。虽然与发达国家企业的生产技术水平相比，中国的企业在技术水平上要略低一些，但通过多年积累也具备了一定的优势创造型研发优势，使得中国企业可以在外国进行投资。根据如上分析，我们提出如下假设：

假设 3:研发投入对对外直接投资有正面影响。

(五)知识产权保护对研发投入的调节作用

制度完善的国家和地区,政策和政府服务具有较高的连续性,市场机制比较完善,知识产权保护强度的提高会使得研发投入的回报上升。由于制度完善,研发投入的成果不容易被盗窃或者模仿,这样会激励企业加大研发投入,进而提升该国和地区的对外直接投资水平。而根据 Maskus 和 Penubarti(1995)的研究,知识产权保护加强会限制发展中国家企业的模仿行为,阻碍发展中国家企业通过模仿和学习吸纳国际技术溢出。基于此,我们认为在制度质量高的地区,由于制度完善,知识产权保护力度大,企业的研发成果不容易被模仿,技术溢出困难;而在制度质量低的地区,知识产权保护力度弱,技术容易溢出,进而促进了该地区的对外直接投资。根据上面的分析,我们提出如下假设:

假设 5:研发投入对对外直接投资的正面影响在知识产权保护薄弱的地区更加突出。

(六)制度对不同所有制企业对外投资的影响

2000 年以来,在对外直接投资企业中国有企业的海外投资占中国对外直接投资的很大部分,根据 2013 年中国对外直接投资统计公报,尽管非国有企业占比不断扩大,国有企业流量占比下降,但依然占 43.9%。

关于中国对外直接投资的研究,学者认为,中国企业的对外直接投资活动很大程度上受政府政策的影响(Xiaoxi Zhang & Kevin Daly,2011)。通过政府的审批制度和外汇管理制度,政府可以根据自己的目标对对外直接投资活动进行干预(Cheung and Qian,2009)。由于国有企业在对外直接投资时，更能代表政府的意愿，因此，国有企业相比于民营企业，其相对享受了政府更多的支持，在获取低息贷款、人才和信息等方面都有相对优势。我国转型时期这种制度的特殊性，使得国有企业相比民营企业产生了制度上的比较优势，而这种比较优势使得更多的国有企业进行海外投资。基于此，本书提出如下假设：

假设 6：现有制度更有利于国有企业的海外投资。

三、实证模型、数据来源与处理

（一）实证模型

在以往研究的基础上，以及根据本书的假定，建立计量回归方程如下：

$$\text{lnofdi}_{it} = \alpha_0 + \alpha_1 \text{Index}_{it} + \alpha_2 \text{lnrdnum}_{it} + \alpha_3 \text{Findex}_{it} + \alpha_4 \text{lngdp}_{it} + \alpha_5 \text{lnexp}_{it} + \alpha_6 \ln(\text{ifdi}_{t-1})_{it} + \varepsilon_{it} \tag{1}$$

$$\text{lnofdi}_{it} = \alpha_0 + \alpha_1 \text{Index}_{it} + \alpha_2 \text{lnrdnum}_{it} + \alpha_3 \text{Findex}_{it} + \alpha_4 \text{Index}_{it} * \text{Findex}_{it} + \alpha_5 \text{lngdp}_{it} + \alpha_6 \text{lnexp}_{it} + \alpha_7 \ln(\text{ifdi}_{t-1})_{it} + \varepsilon_{it} \tag{2}$$

$$\text{lnofdi}_{it} = \alpha_0 + \alpha_1 \text{lnpenalty}_{it} + \alpha_2 \text{lnrdnum}_{it} + \alpha_3 \text{Findex}_{it} + \alpha_4 \text{lnpenalty}_{it} * \text{lnrdnum}_{it} + \alpha_5 \text{lngdp}_{it} + \alpha_6 \text{lnexp}_{it} + \alpha_7 \ln(\text{ifdi}_{t-1})_{it} + \varepsilon_{it} \tag{3}$$

$$\text{lnofdi}_{it} = \alpha_0 + \alpha_1 \text{Index}_{it} + \alpha_2 \text{lnrdnum}_{it} + \alpha_3 \text{Findex}_{it} + \alpha_4 \text{Fixedasset}_{it} + \alpha_5 \text{Index}_{it} * \text{Fixedasset}_{it} + \alpha_6 \text{lngdp}_{it} + \alpha_7 \text{lnexp}_{it} + \alpha_8 \ln(\text{ifdi}_{t-1})_{it} + \varepsilon_{it} \tag{4}$$

下标 t 代表时间，i 代表不同的省市，ε_{it} 为随机扰动项。OFDI 表示中国各地区对外直接投资额（单位为万元），取对数；Index 为市场化进程，Penalty 为各省市的产权保护水平，Rdnum 为各省市的研发投入，Findex 为各省市的金融发展水平,Exp 为各省市的对外开放度,Gdp 为各省市的经济发展水平,Ifdi 为各省市吸引的对外直接投资。回归方程(1)表示包含所有解释变量和被解释变量的模型,方程(2)、(3)和(4)分别表示加入市场化进程对金融发展的调节作用、知识产权保护对研发投入的调节作用和市场化进程对国有制调节作用的模型。

调节变量的引入可以系统地改变一个解释变量与一个被解释变量之间关系的方向和/或强度(Sharma,2003)。本书中对制度因素作为调节变量的估计,如果只根据交互项变量的回归系数来估计调节变量的作用是不正确的。这是因为在一个模型在引入交互变量后,模型的性质已经发生了改变。我们通过以下例子进行解释,例如有如下带有交互项的模型:

$$Y=\alpha+\beta_1 X+\beta_2 Z+\varepsilon \tag{5}$$

$$Y=\alpha+\beta_1 X+\beta_2 Z+\beta_3 XZ+\varepsilon \tag{6}$$

在不带有交互项的模型(5)中,β_1 和 β_2 分别为 X 和 Z 对 Y 的边际效应,很明显,X 对 Y 的边际效应与 Z 无关。而在交互模型(6)中,X 对 Y 的边际效应依赖于 Z 的值。即(6)式两边对 X 求偏导得 $\partial Y/\partial X=\beta_1+\beta_3 Z$,也就是说,$Z$ 调节 X 对 Y 的影响效果。因此,评价调节变量 Z 的作用应全面考虑 $\beta_1+\beta_3 Z$ 及其变化方向。同样,调节效应也不能只考虑 β_3 的标准误来判断,还应该考虑 β_1 和 β_3 的方差、协方差以及 Z 值。

(二)变量描述

因变量:与存量数据相比,流量数据没有滞后效应,更能反映经济的实际情况,因此,本书用对外直接投资(OFDI)流量数据来衡量中国各地区的 OFDI 水平。

根据前文的假设,我们选取解释变量如下:

市场化进程:采用樊纲等(2010)建立的中国各地区市场化进程指标体系指数作为市场化进程这一制度质量的代理变量,指数越大,表示制度的质量越高。

金融发展:按照 Christopoulos 和 Tsionas(2001)的方法,用各地区的年末存贷款余额与 GDP 的比值来度量各地的金融发展水平。

研发与投入:根据已有研究成果,我们用各地的科技经费支出作为研发与投入的代理变量,以此度量各地区的技术能力,衡量各地对外直接投资企业的垄断优势。

知识产权保护:金祥荣等(2008)用 GDP/地区财政收入中的罚没收入来表示地方政府的产权保护倾向,这是因为,随着 GDP 的扩张,经济活动中的交易者触犯法律法规的可能性会增加,这样会提高地方财政中的罚没收入,但在知识产权保护弱的地区,地方官员会制定更多的法规,通过设租的方式来增加罚没收入,该指标数值越高,表明知识产权保护的质量越高。我们沿用此方法将其作为知识产权保护制度质量的替代性指标[①]。

国有企业投资:因获取不到中国各地区国有企业 2003—2010 年期间全部对外直接投资统计数据,笔者根据前人的研究方法,采用各省市国有企业固定资产投资占 GDP 的比重作为替代变量,以度量国有企业在各省市的状况。

[①]　有文献用三项专利申请或者科技人员数来衡量知识产权保护力度,但专利申请数多或者科技人员数多可能是除知识产权保护力度大之外的很多因素引起的,比如研发人员的水平、资金的投入等,所以本书没有选用这一指标。

此外,在模型中引入如下3个与对外投资流量相关的变量作为控制变量:采用滞后一期的吸引的外商直接投资度量中国各地吸引外商直接投资的水平;采用各地的出口额数据度量中国各地的对外贸易开放度;用剔除了价格因素的国内生产总值(GDP)来衡量中国各地的经济发展水平。

（三）数据来源与处理

我们用2003—2010年中国省级面板数据进行分析,对上述理论假设进行检验。其中,西藏数据在统计中不完整,我们剔除了西藏的对外直接投资数据。对于缺失和异常的数据,进行处理后,我们得到2003—2010年30个地区的面板数据(未包含港澳台数据)。表5.1为各变量的描述性统计特征,研发投入数据来自历年《中国科技年鉴》;对外直接投资数据来自历年商务部发布的《中国对外直接投资统计公报》;各地区GDP来自《中国统计年鉴》;各地区的知识产权保护制度,我们沿用金祥荣和茹玉骢(2008)在地区财政收入中GDP/罚没款收入来表示,数据来自《中经网统计数据库》;各地的金融发展数据来自《中国金融年鉴》;贸易数据来自《中国统计年鉴》。

表 5.1　各变量的描述性统计特征

变量	定义	均值	标准差	最小值	最大值
lnOFDI	各地 OFDI 水平	8.01	2.08	1.79	11.73
Index	各地市场化进程指标	6.93	1.95	2.60	11.80
lnpenalty	各地产权保护水平	12	1.00	8.67	14.00
lnrdnum	各地 R&D(研发投入)	4.32	0.97	0	6.37
FINDEX	各地金融发展水平	3.71	1.65	1.72	14.35

续表

变量	定义	均值	标准差	最小值	最大值
fixedasset	各地国有企业投资水平	0.36	0.10	0.14	0.61
lnexp	各地对外开放度	4.36	0.96	0	5.35
lngdp	各地经济发展	8.26	0.87	5.97	9.87
$lnifdi_{t-1}$	各地吸引的 OFDI	11.65	1.69	7.34	14.74

通过进行 Pearson 相关系数检验，解释变量之间的相关性相对较弱，所有自变量的相关系数均低于 0.7 的临界值，方差膨胀因子 VIF 也都在临界值之内，变量之间不存在多重共线性问题。

四、实证结果分析和解释

（一）估计方法

我们使用面板数据来研究制度对我国对外直接投资的影响。与截面数据和时间序列数据相比，面板数据的估计结果更为可靠，因为对于无法观测或测量的变量，面板数据可以更好地控制其对 OFDI 的影响。在处理面板数据时，通过进行豪斯曼检验，我们选定固定效应模型。现在，我国各省（直辖市、自治区）在市场化进程和知识产权保护等方面有了明显的改善，但地区间仍然存在很大的差异（孙晓华，2014），这为本书分析制度如何影响对外直接投资提供了便利。本书使用 STATA 12.0 软件进行回归分析。

（二）实证结果分析和解释

表 5.2 给出了模型的回归结果。我们先用混合最小二乘法（POLS）对模型进行估计，估计结果为模型（1）。从模型（1）来看，市场化进程对对外直接投资有正向的促进作用。

但由于 POLS 的估计方法存在着较大的误差,因此在进行豪斯曼检验后,我们采用固定效应(FE)模型。在模型(2)中,变量包括制度变量和控制变量。为了进一步考察制度对对外直接投资的影响,在模型(3)中,我们在模型(2)的基础上,加入了其他主要解释变量。由于制度还可能间接地通过其他变量对对外直接投资产生影响,因此,在模型(4)、(5)和(6)中我们引入了市场化进程和金融发展、知识产权保护和研发投入以及市场化进程和国有制交叉项。通过模型(1)、(2)和(3),我们可以判断主要解释变量制度、金融发展和研发投入对中国对外直接投资的直接影响;后三个模型主要是判断制度变量对对外直接投资间接的调节作用。

从表 5.2 的实证结果来看,市场化进程的系数在前三个模型中都是正数,并且在 5% 和 10% 水平上显著,证明各省市的制度质量与其对外直接投资呈正相关关系,制度质量越高的省份,越能促进其对外直接投资,这一结果为假设 1 提供了充足的证据。在模型(1)和(3)中,金融发展在 5% 和 10% 的水平上显著,这一结果为假设 2 提供了充分的证据。研发投入在两个模型中都不显著,这一结果无法为假设 4 提供证据,这可能是由于在不考虑制度影响的情况下,我国的企业整体上还不具备 Hymer 所提到的对外直接投资企业所具备的垄断竞争优势。模型(6)中市场化进程和国有制的交互项为正,总体来看,市场化进程对国有企业的调节作用是正的(实线的斜率为正)。这可能是由于,在我国对外直接投资的初级阶段,国有企业更能执行政府的政策意愿,也就更能获得各级政府的制度支持,各地政府的政策和经济制度环境等对国有企业的对外直接投资更有利。这一结果支持了假设 6。

表 5.2　模型估计结果

因变量	(1) lnOFDI	(2) lnOFDI	(3) lnOFDI	(4) lnOFDI	(5) lnOFDI	(6) lnOFDI
估计方法	POLS	FE	FE	FE	FE	FE
市场化进程	0.2314** (0.1072)	0.5489*** (0.1910)	0.4656** (0.1907)	1.1835*** (0.2637)		0.0804 (0.2839)
研发投入	0.0922 (0.0797)		0.0677 (0.0789)	0.0976 (0.0757)	2.0293** (0.9795)	−0.0282 (0.0812)
金融发展	0.3263*** (0.0797)		0.2473** (0.1001)	1.4416*** (0.3315)	0.2821*** (0.0999)	0.3164*** (0.1187)
市场化进程×金融 发展				−0.1256*** (0.0334)		
知识产权保护					1.3507** (0.6516)	

续表

因变量	(1) lnOFDI	(2) lnOFDI	(3) lnOFDI	(4) lnOFDI	(5) lnOFDI	(6) lnOFDI
知识产权保护×研发投入					-0.1641^{**} (0.0819)	
国有制						-10.6800^{**} (5.2756)
市场化进程×国有制						1.0537^{*} (0.5644)
经济发展水平	1.2406^{***} (0.1999)	6.2963^{***} (1.5056)	4.8298^{***} (1.5860)	2.1490 (1.6728)	5.3717^{***} (1.7692)	5.3020^{***} (1.7467)
对外开放度	0.0799 (0.1500)	-0.0198 (0.1011)	-0.0088 (0.0995)	-0.0329 (0.0952)	-0.0289 (0.1003)	-0.1222 (0.1015)
吸引的外商直接投资	-0.0776 (0.1498)	0.5478^{***} (0.1968)	0.4495^{**} (0.2015)	0.2022 (0.2032)	0.4503^{**} (0.2119)	

续表

因变量	(1) lnOFDI	(2) lnOFDI	(3) lnOFDI	(4) lnOFDI	(5) lnOFDI	(6) lnOFDI
_cons	-4.8428***	-54.4879***	-41.8214***	-22.7440*	-59.2780***	-35.9096**
	(1.3983)	(10.8751)	(11.7141)	(12.2748)	(12.5194)	(15.2011)
N	169	169	169	169	169	169
F统计量	72.15	49.17	35.15	35.1	29.72	39.22
Prob>F	0.0000	0.0000	0.0000	0.0000	0.0000	0.0000
R^2	0.5704	0.5912	0.6115	0.6488	0.6100	0.6333
调整的 R^2	0.5544	0.4950	0.5129	0.5564	0.5074	0.5525

注：*、**、*** 分别表示在 10%、5% 和 1% 的水平上显著，括号内为稳健标准差。

从表 5.2 来看,模型(4)中市场化进程和金融发展交互项系数为负,模型(5)中知识产权保护与研发投入的交互项为负。根据表 5.2 中模型(4)和(5)以及式子 $\partial Y/\partial X = \beta_1 + \beta_3 Z$,我们计算出了相关的制度变量的调节作用。图 5.1 表示市场化进程对金融发展的调节作用。从结果来看,市场化进程对金融发展的调节作用是负的,并且这一调节作用在市场化进程低于 10.5 的时候才显著。当市场化进程高于 10.5 时,市场化进程对金融发展的调节作用不显著。该结果表明,制度质量与金融发展存在一定的替代作用,在金融发展水平越高的地区,这种替代作用越强。具体而言,在制度质量比较低的地区,政府对公共资源有更多的分配权,政府会根据政策目标将金融资源分配给相关企业;而在制度质量高的地区,政府对金融市场的干预降低,企业在 OFDI 的过程中,受政府的影响较小。因此,与制度质量高的地区相比,金融发展对企业 OFDI 的影响在制度质量低的地区更加突出。这一结果支持了本书的假设 3。

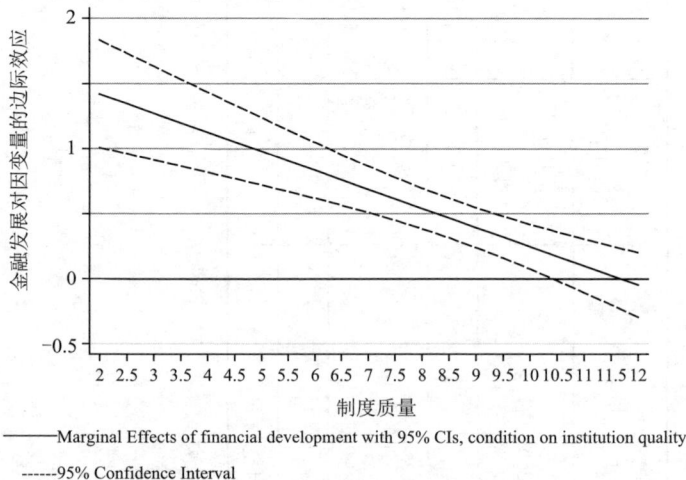

Marginal Effects of financial development with 95% CIs, condition on institution quality

------95% Confidence Interval

图 5.1　制度质量(市场化进程)对金融发展的调节作用

知识产权保护对解释变量研发投入的调节作用表示在图 5.2 中。从实证结果来看,知识产权保护的这一调节作用是负的,并且该调节作用只有在其值低于 11.5 时才显著。这一结果表明,在制度质量越低的地区,研发投入对对外直接投资的正面影响越显著。这可能是由于在制度质量较低的地区,知识产权等的保护力度较弱,技术溢出,反而提升了该地区的对外直接投资水平,所以与制度质量较高的地区相比,研发投入对企业对外直接投资的影响在制度质量低的地区更加突出。这一结果支持了假设 5。

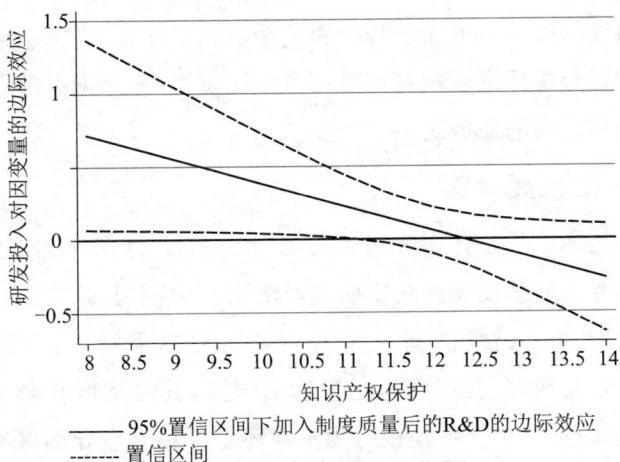

——95%置信区间下加入制度质量后的R&D的边际效应
------- 置信区间

图 5.2　制度质量(知识产权保护力度)对研发投入的调节作用

第二节　中国对外直接投资的影响因素: 基于母国金融抑制的视角

本章节从金融抑制的视角继续探讨中国对外直接投资的影响因素。金融制度本身是经济发展的重要决定因素之一的论断已经得到经济学界的广泛认可(张震,张卫国,2005)。Gerschenkron(1962)在对金融制度的影响进行研究后认为,金融制度对一个社会经济的发展具有重要的作用。Schumpeter(1949)在进行研究后认为,金融制度的形态直接决定了一国经济发展的水平和程度。张曙光(2014)认为,中国经济运行的最大问题是政府干预要素市场,特别是金融市场,从而造成了严重的金融扭曲和金融抑制。鉴于前人对金融制度和经济发展的研究,本章节研究金融制度对中国对外直接投资的影响,通过梳理金融制度的变迁,探究中国的金融制度是否一直处于比较严重的金融抑制阶段,并进一步通过实证分析论证金融抑制是否是中国近15年来对外直接投资迅猛发展的原因之一。

一、问题背景

经济增长是各国普遍关心的问题,过去的20多年间,各国学者从金融发展的角度研究经济增长的原因,这一阶段金融发展和宏观经济间关系的实证研究越来越多。Levine(2005)发现,金融部门越是发达的国家,其经济增长越是快速;一国的金融体系是银行为主导还是市场为主导的区别不大,但这并不是说这种制度安排对经济增长没有影响,而是不同的制度安排适合不同时期的不同国家;产业层面和企业层面的数据证明,金融对经济增长的影响机制是通过缓和外部金融对企业的约束以提高资本的分配。周晨光(2013)从金融抑制的角度出发,通过构建储蓄和投资的宏观分析模型,探讨了金融抑制对贸易顺差的影响,得出结论:金融抑制是中国持续贸易顺差的一个重要原因。在之前学者研究的基础上,针对中国对外直接投资的迅猛增长,结合金融对经济增长的影响以及金融对贸易的影响，我们推测金融抑制可能是中国对外直接投资强劲增长的原因之一。

进入21世纪，发展中国家日益成为世界对外直接投资的重要力量，而亚洲的发展中国家的对外直接投资占整个发展中国家对外直接投资的70%以上（王勋，2013）。中国作为发展中国家的中坚力量，在全球对外直接投资中扮演着越来越重要的角色。改革开放以来，我国的非金融类对外直接投资（OFDI）虽然没有像我国的对外贸易那样高速增长，但是从历史数据来看，一直在稳定增长。2003年之后，随着我国"走出去"战略的实施，我国的对外直接投资进入了快速增长阶段。据联合国贸发会议（UNCTAD）的《世界投资报告》的统计数据，2014年，我国的对外直接投资流量居全球第三位（1029亿美元），同比增长14.1%。

对于近年中国对外直接投资在世界市场的表现，国内外学者从不同的角度进行了研究。众所周知，根据邓宁（1988）的OIL理论，中国企业目前并不具备邓宁所提到的优势。那么，中国何以能出现大规模的对外直接投资呢？在分析发展中国家的对外直接投资动因上，Peng（2008）认为，发展中国家的企业并不具备传统的对外直接投资理论所提到的对外投资优势，他提出研究发展中国家的对外直接投资应当从制度的角度进行分析。Bukely（2007）利用1984—2001年的数据对中国的对外直接投资动因进行分析，认为中国特有的制度安排促进了中国企业的对外直接投资。国内的学者陈研等（2012）、侯文平（2014）等研究认为，企业的生产要素和特有的制度相结合，使得中国的企业具有进行对外直接投资的优势。梳理近几年的文献，我们发现，目前学术界对于中国企业对外直接投资动因的探讨大部分从制度的角度入手，认为中国独有的制度安排促进了我国的对外直接投资。与已有的研究不同,本书从金融抑制的视角对我国的对外直接投资进行探讨,研究金融抑制与对外直接投资二者的关系。王勋(2013)在研究了全球 66 个国家的对外直接投资后,得出结论:发展中国家的金融抑制政策对其对外直接投资有显著的促进作用。在此基础上,本书利用中国 1982—2005 年间的时间序列数据检验我国的金融抑制政策是否影响了我国的对外直接投资。

二、中国金融制度的变迁

从 1949 年到 2013 年,中国的金融制度在社会发展的过程中根据经济发展的需要一直在变动着。根据金融制度的变迁历史,罗得志(2004)等从金融宏观调控体系的角度把中国的金融体制改革划分为两个阶段;江其务(2002)等将中国金融制度的变迁分为三个阶段;张曙光(2004)把 1978 年改革开放以来的金融发展划分为四个阶段。在前人研究的基础上,结合中国经济发展的现实情况,本书将中国金融制度的变迁划分为五个阶段。

在 1949—1979 年这 30 年间,中国的金融制度实行的是完全国家垄断的中央集权的计划金融制度。政府通过各种制度安排,将具有私有性质的、公私合营性质的、外资银行等金融机构无一例外全部国有化。在这一制度体系下,中国人民银行是全国的信贷中心、结算中心和货币发行中心,中国人民银行是唯一的国有银行。央行是国家金融产权的唯一代表,是一个既发行货币又办理具体金融业务的特殊金融机构。资金供给制是计划金融制度的核心,这一时期的金融制度目标是服务国家的计划。中国的金融制度改革在计划金融制度基础上开始。

1979 年到 1984 年为第二阶段,这一时期是中国的金融制度改革的准备和起步阶段,政府开始对前期的金融制度进行调整,建立了二级银行制度的框架,金融结构形成了中央银行和四大国有商业银行并存的局面,金融结构开始多元化,按产业设立了专业的银行,从而取代了中国人民银行的业务,而且央行实行了信贷和发行分开的制度安排。

第三阶段为 1985—1991 年间,这一时期政府进行了一系列的金融制度创新安排,中国的金融制度为由计划金融制度向市场金融制度转变的探索阶段。根据张杰(1998)的研究,1979 年至 1991 年间,国家控制金融的总收益大于总成本,但从 1992 年开始,国家控制金融的成本超过了总收益,这就解释了 90 年代中国金融市场上国有垄断开始被打破的现象。这一时期,不在体制内的企业依然很难获得银行的资金支持。因此,与第二阶段相比,政府批准了一批非银行金融机构和保险公司进入市场,沪深证券市场开始运作,并且对外资金融机构打开了市场准入大门。这一时期对金融管理制度引入了竞争机制和市场机制,管理上放权让利,银行间通过业务交叉有了竞争,将商业银行和政策金融分离,完善了银行的资本金制度,对商业银行的管理进行了加强。在对金融的宏观调控上,这一时期从以前的直接调控向间接调控过渡,从行政调控向运用经济性手段转变,继而通过市场化运作机制调整。这一时期,沪深证券交易所、银行间的同业拆借市场和票据市场开始发展,通过一系列的富有成效的探索,为进一步迈向以市场为基础的金融制度奠定了基础。

第四阶段为 1992—2005 年,在这一阶段由于中国的经济由之前的短缺经济转变为了需求不足的经济,鉴于此,金融制度改革以充实调整为主,具体为对金融业的不良资产进行剥离,进行资产证券化,建立金融资产管理公司,加速国有银行商业化改革;调整了证监会、保监会、人民银行的监管体系,完善了分业监管,提高资本市场的功能,整顿金融秩序,防范金融风险;通过稳健的货币政策以刺激内需和遏制通货膨胀。

第五个阶段为 2005 年后至今,2005 年国际货币基金组织(IMF)建立了七个指标,即信贷控制和过高的储备要求、利率管制、进入障碍、银行国有化、资本账户管制、银行控制和监管、证券市场政策,并利用这七个指标对 91 个国家和地区的金融制度进行了度量,在发布的报告中,中国金融自由化的比率是 0.4880952,这一数据不仅低于同等收入水平的国家,更低于很多低收入水平的国家。在全球众多国家中,中国的金融自由化处于最低水平之列。在这一时期,中国人民银行对人民币的汇率进行了调整,实行以市场供求为基础,有管理的浮动汇率制度。中国的金融改革正处在从人造秩序向自发秩序转型的过程中(唐高平,2006)。国家应当在现有金融领域所有权结构的基础上,进一步深化所有权结构改革,以期实现所有权效率提升。在银行业的进入方面,2014 年,国家开始允许民营银行进入金融市场。政府对金融市场的监管力度趋于理性、相关金融法规逐步完善。利率市场化加速,存款利率的上浮空间到 2014 年扩大到了 1.2 倍,同时我国推出了《存款保险条例》征求意见稿,这将为进一步推进利率市场化夯实基础。这一时期继续深化金融市场改革。

自 1949 年以来,中国相继实行了金融抑制和金融深化的金融发展政策,先后运用了金融抑制、金融约束和金融自由化等一系列政策工具来推动金融的发展,并以此来促进中国经济的增长(仇娟东等,2011)。金融制度已经影响了中国经济创新转型,阻碍了中国经济转型战略的实施。政府必须设置更有效率的金融制度安排,激活中国金融以市场为主导,推动民营化的市场改革,不断建立与中国经济发展相配套的金融服务体系。

三、金融抑制的概念和测度

(一)金融抑制的概念

金融抑制、金融约束、金融自由化、金融深化都是金融发展理论中的概念,而金融发展理论主要研究金融发展与经济增长的关系(仇娟东等,2011)。金融抑制是指一国政府过多地干预经济中的金融活动和金融体系,结果抑制了金融体系的正常发展,而金融体系是否高效又会影响一国经济的发展。金融发展滞后会阻碍一国经济的发展,最终造成了金融抑制和经济落后的恶性循环。这一概念最早由爱德华·肖(1973)和罗纳德·麦金农(1973)在20世纪70年代研究发展中国家的金融与经济发展的相互关系时提出。他们发现,发展中国家普遍存在着"分割经济"的现象,政府以金融管制替代金融市场自身的机制。政府通过设置较低的市场利率和较高的通货膨胀率使得实际利率为负,这使得储蓄不足和资本的供给匮乏。此外,政府通过制定相关政策如政策性贷款等为国有企业和一些工业部门以低利率提供资金支持,这又使得发展中国家的资本的配置效率低下。他们认为,发展中国家这种人为压低利率和相关的政策制定,造成了金融体系和经济部门效率的双重低下现象,麦金农将此称为"金融抑制"。由于发展中国家的利率市场受到政府强有力的控制,因此无法反映真实的资金供给和需求,利率的非市场化同时也导致整个社会的资源配置效率极其低下。鉴于此,麦金农认为,发展中国家只有实现金融自由化,使资本在市场中更有效率地流动,经济才能增长。但是从金融抑制到金融自由化不能一步到位,Hellman、Murdock 和 Stiglitz(1997)提出了"金融约束理论"。金融约束是指政府通过一系列政策,包括存贷款利率的调控、市场准入限制等,以达到既防止金融抑制的危害又促使银行能规避风险的目的。1998 年亚洲金融危机之后,他们重新研究了金融约束理论,认为发展中国家在经济转型过程中存在着信息不对称,而金融约束是发展中国家从金融抑制走向金融自由化的一个过渡性政策。

(二)金融抑制的测度

关于金融抑制的测度,国际货币基金组织(IMF)的金融改革数据库收集了 1975—2005 年间全球 91 个国家和地区包括中国在内的相关金融抑制政策,并对这些政策进行了量化。该数据库多角度地反映了中国的金融改革,从八个方面记录了中国金融政策的变化,包括信贷控制和准备金限制、利率控制、银行业进入壁垒、私有化、证券市场的政策、金融改革、银行业监管和资本账户的限制。通过设定标准,他们将这八项进行量化,并对这八项进行加总平均,最后将数值标准化为 0~1 之间(见表 5.3)。数值越大,说明抑制程度越低。与其他的数据库相比,该数据库将金融抑制进行了量化,而其他的数据库则是取二值变量,即是否存在金融抑制,因此,IMF 的数据库更能准确反映中国的金融政策变化的力度和时间性。

表 5.3　我国的金融抑制量化指标

年份	信贷控制	利率控制	进入壁垒	银行监管	私有化	资本流动	证券市场	金融改革	标准化后的金融改革
1981	0	0	0	0	0	1	0	1	0.047619
1982	0	0	0	0	0	0	0	0	0
1983	0	0	0	0	0	0	0	0	0
1984	0	0	0	0	0	0	0	0	0
1985	0.75	0	0	0	0	1	0	1.75	0.0833333
1986	0.75	0	0	0	0	1	0	1.75	0.0833333
1987	0.75	0	0	0	0	1	0	1.75	0.0833333
1988	0.75	0	0	0	0	0	0	0.75	0.0357143
1989	0.75	0	0	0	0	0	0	0.75	0.0357143
1990	0.75	0	0	0	0	0	1	1.75	0.0833333
1991	0.75	0	0	0	0	0	1	1.75	0.0833333
1992	0.75	0	0	0	0	0	1	1.75	0.0833333
1993	0.75	0	0	0	0	0	1	1.75	0.0833333

续表

年份	信贷控制	利率控制	进入壁垒	银行监管	私有化	资本流动	证券市场	金融改革	标准化后的金融改革
1994	0.75	0	0	0	0	1	1	2.75	0.1309524
1995	0.75	0	0	1	0	1	1	3.75	0.1785714
1996	0.75	0	0	1	0	1	1	3.75	0.1785714
1997	0.75	0	0	2	0	1	1	4.75	0.2261905
1998	2.25	0	0	2	0	1	1	6.25	0.297619
1999	2.25	0	1	2	0	1	1	7.25	0.3452381
2000	2.25	0	1	2	0	1	1	7.25	0.3452381
2001	2.25	0	1	2	0	1	1	7.25	0.3452381
2002	2.25	1	1	2	0	1	1	8.25	0.3928571
2003	2.25	1	1	2	0	1	1	8.25	0.3928571
2004	2.25	2	1	2	0	1	2	10.25	0.4880952
2005	2.25	2	1	2	0	1	2	10.25	0.4880952

数据来源：根据 IMF 金融改革数据库整理。

四、金融抑制对中国 OFDI 的影响机制分析

（一）中国金融抑制的典型化事实

事实上,从国际社会来看,直到 20 世纪 80 年代,不管是发展中国家还是发达国家,金融部门还是国家干预的部门之一(Abdul Abiad,etc.,2008)。在很多国家,政府拥有银行或者控制着银行,银行所定的利率有上限或者有其他形式的管控,对信贷的分派也是受政府约束和管制的,对外国资本的流入进行限制,这使得竞争减少。在经历了金融抑制后,很多国家开始使金融部门自由化,为金融部门松绑。

我国的金融发展也经历了与世界其他国家相似的发展过程。李扬(2015)提到,虽然近年政府就利率市场化作了一些改革的举措,2015 年,政府在降息的同时提高了银行存款上限,但他认为中国的利率市场化还没有完成,甚至没有基本完成。下面本书对我国近年的金融抑制表现进行梳理。

在利率方面,一直以来利率并不是由资金的供给和需求在市场上自由决定的,而是由政府制定的,在对利率进行调控时,由于我国没有健全的利率机制,利率调控依然是靠行政手段完成。除对利率进行管控外,政府对企业和金融机构的行为设置了很多限制,在信贷管制方面,政府会对银行的贷款数量进行监控,对贷款对象进行指导,一些政府偏好的国有企业和偏好的行业会得到贷款支持。准备金限制方面,作为信贷总量的调节工具,我国的法定存款准备金率曾经高达 20%,超额存款准备金率也达到过 3% 的水平。较高的准备金率使得银行的资金不能进入市场,这减少了银行的收益,并且由于这部分资金不能进入市场,也不能反映市场上利率的实际水平。

　　银行业进入限制方面，一般认为中国的银行业进入存在规（管）制性进入壁垒，政府对银行业实施严格的管制，对外资银行和民营资本进入银行业有很严格的管制。根据中国金融年鉴的相关数据，我国四大国有商业银行的市场份额基本占到了 70％以上（见表 5.4），而其他性质的银行市场份额还不到四大国有商业银行份额的一半。从中我们可以看出，中国的国有银行在银行业占有很高的比重，中国的银行业市场结构处于国有银行寡头垄断的状态。

表 5.4　2004—2011 年间中国银行业的市场份额

银行	2004	2005	2006	2007	2008	2009	2010	2011
中国工商银行	0.2784	0.2503	0.2433	0.2323	0.2279	0.2162	0.2124	0.2091
中国建设银行	0.1748	0.1812	0.1849	0.1808	0.1823	0.1798	0.1749	0.1687
中国农业银行	0.1912	0.1899	0.1897	0.1776	0.1642	0.1631	0.1622	0.1560
中国银行	0.1293	0.1402	0.1351	0.1501	0.1509	0.1592	0.1557	0.1588
四家国有银行总和	0.7737	0.7616	0.7530	0.7408	0.7253	0.7183	0.7052	0.6925
12 家股份银行总和	0.2263	0.2384	0.2470	0.2592	0.2747	0.2817	0.2948	0.3075

数据来源：中国金融年鉴。

　　资本项目和资本市场管制方面，从世界发达国家资本项目管理的历史来看，除英美外，大部分的国家到 20 世纪 80 年代才实行资本项目的全面放开。资本项目开放要求一国放弃固定汇率以及对过度资本流动采取审慎管理，到目前为止，我国并没有实现资本项目的放开，可能是由于我国货币当局对风险的可控性比较谨慎。

金融监管的效率方面，历来中国的市场分割是一个突出的现象，在监管上牵涉不同的部门，而部门之间互相不关联，甚至部门间的监管条例都存在着冲突。

截止到目前，由于一直以来金融抑制的存在，我国的资金融通依然由银行体系主导，在政府低利率政策和银行的高利差政策下，我国的产业结构和融资结构严重失衡。

（二）金融抑制对中国对外直接投资的影响机制

企业进行对外直接投资需要先投入大量的固定成本。为了确定有利可图的目标市场及其特征，企业需要做市场调研；为了迎合国外顾客的需求和法规的要求，产品可能要重新设计，以及分销渠道和服务的渠道都需要建立（Roberts & Tybout，1997）。此外，更为重要的是企业的每一项对外直接投资项目都需要建立或者购买生产设施（Helpman et al.，2004），而这都需要投入大量的固定成本，再加上对外直接投资活动面临的额外风险，使得企业要为对外直接投资活动进行更多数量和更高成本的融资，因而对外直接投资活动更容易受到一国金融发展的影响。

直到 1980 年代，不管是发展中国家还是发达国家，金融部门仍然是各国政府干预较多的部门之一（Abdul Abiad，etc.，2008）。政府拥有银行或者对银行有控制权，银行设定的利率有上限或者其他形式的管制，对信贷业进行控制，以及对外资流动进行限制。此后，很多国家放松了对金融部门的管制，实行金融部门的自由化。由于金融部门给实体经济提供信贷支持，很大程度上影响着社会经济方方面面的发展,因此各国学者从多角度研究金融与其他经济指标的关系。王勋(2013)认为,金融抑制,尤其是发展中国家抑制性的金融政策,扭曲了资金成本和资金分配,造成经济结构失衡,导致经常账户顺差。由于发展中国家技术水平相对落后以及国内金融体系欠发达,拥有净储蓄的企业在国内直接投资或者金融投资机会较少,需要通过对外直接投资,获得适宜的技术或者廉价的生产要素以促进国内生产(王勋,2013)。周晨光(2013)总结了前人的研究成果认为,大多数的贸易顺差国其金融市场不完善,这些国家通过出口积累了大量的外汇储备后,又通过购买发达国家的证券回流到金融市场发达的国家,或者通过对外直接投资的方式回流到其他国家。李燕桥(2012)通过实证分析,发现我国居民消费存在着严重的流动性约束。Kasuga(2000)研究认为,与发展中国家相比,发达国家的金融市场完善,市场的效率更高,因此吸引了更多的外商到本国投资。

根据前人的研究成果,结合中国金融抑制和对外直接投资的事实,本书认为,一方面,由于中国的金融抑制政策对金融市场的限制、信贷管控和利率管制,使得政府优先鼓励发展的出口部门得到了发展,由于出口部门的发展,使得我国的经常账户持续顺差,从而积累了大量的外汇储备;另一方面,由于政府的金融抑制政策,较低的利率和融资约束使得居民消费低下,进而国内投资低下,因此导致依赖国外消费来转移剩余产出以及对外直接投资。

五、实证方法、数据来源与实证结果分析和解释

(一)估计方法和数据来源

本书采用1982—2005年的时间序列数据验证我国金融

抑制与对外直接投资的关系。金融抑制数据的量化指标来源于国际货币基金组织的金融改革数据库,人口抚养比、进出口贸易数据来自中国统计年鉴。

　　我们先检验中国的对外直接投资和金融抑制是否有单位根。在进行单位根检验前,我们先看一下几个变量的时间趋势图(见图 5.3)。

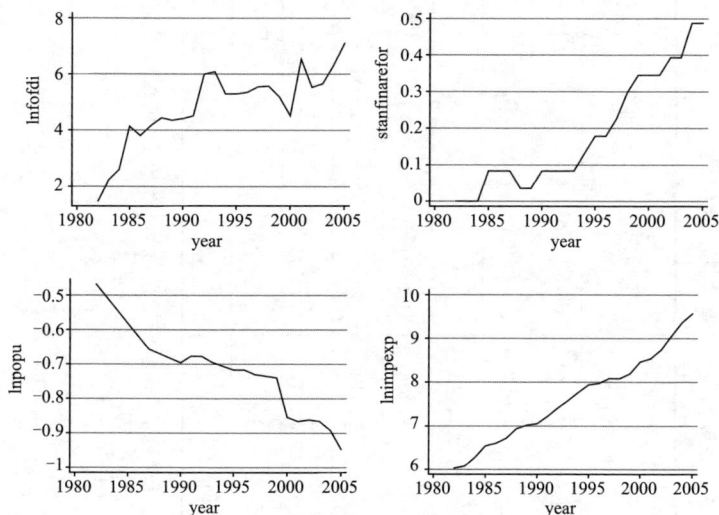

图 5.3　对外直接投资(OFDI)、金融抑制

　　从图 5.3 的量化指标(stanfina)、人口抚养比(popu)和进出口的贸易额(impexp)变化图可以大致看出,几个时间序列带有常数项,而且有明显的时间趋势。如果时间序列存在单位根,可能带来一些问题,比如自回归系数的估计值不是渐进正态分布,传统的 t 检验失效,并且自回归系数的值向左偏向于 0,在此基础上,做出的变量回归可能出现伪回归或伪相关。因此,我们首先对变量是否存在单位根进行检验。

表 5.5 各变量 ADF 单位根检验结果

变量	差分次数	检验形式 (C,T,L)	ADF 检验 统计量	1%临界值	5%临界值	10%临界值	结论
lnofdi	0	C,T,1	−2.979	−4.380	−3.600	−3.240	不平稳
lnofdi1	1	C,N,0	−5.963	−3.750	−3.000	−2.630	平稳
lnstanfina	0	C,T,1	−1.341	−4.380	−3.600	−3.240	不平稳
lnstanfina1	1	C,N,0	−4.784	−3.750	−3.000	−2.630	平稳
lnpopu	0	C,T,1	2.017	−4.380	−3.600	−3.240	不平稳
lnpopu1	1	C,N,0	−3.451	−3.750	−3.000	−2.630	平稳
lnimpexp	0	C,T,1	−1.613	−4.380	−3.600	−3.240	不平稳
lnimpexp1	1	C,N,0	−3.802	−3.750	−3.000	−2.630	平稳

注:(C,T,L)C 代表常数项,T 代表时间趋势项,L 代表滞后项,滞后阶数由 AIC 准则确定,滞后项可使残差项为白噪声。一般经过差分处理后,序列就不存在时间趋势了。

表 5.5 列出了各变量的单位根检验结果，由检验可知，各变量的原序列都是非平稳的，经过一阶差分后都是平稳的，因此，我们判定各时间序列变量为 I(1) 阶单整，可以进行 Johansen 协整检验。

（二）实证结果分析和解释

根据前面的分析，各变量的原序列为同阶单整，则变量间可能存在长期均衡的关系，对相关变量进行 Johansen 协整检验，结果见表 5.6。

表 5.6　Johansen 协整检验结果

协整关系个数	特征根	迹统计量	最大特征值统计量
0 个协整向量	·	119.8900 (61.21)	69.3868 (35.68)
至少 1 个协整向量	0.91159	50.5023 (40.49)	27.6784 (28.83)
至少 2 个协整向量	0.46929	22.8249* (23.46)	18.8555 (21.47)

注：* 表示在 1% 的水平上拒绝"协整秩为 0"的假设，但无法拒绝"协整秩为 2"的假设，括号中的数值为 1% 的临界值。

从表 5.6 可以看出，方程协整秩的个数为 2，说明各变量至少存在 2 个长期均衡的关系。用 Johansen 的 MLE 方法进行估计，估计结果见表 5.7。

表 5.7　MLE 估计结果

变量	估计系数	标准差	统计量	P 值
lnstanfina	−1.8895	0.3380	5.59	0.0000
lnimpexp	1.8901	0.4343	−4.35	0.0000
lnpopu	−4.4862	2.5684	1.75	0.0810
常数项	16.1142	4.0247	4.03	0.0000

其中,金融抑制的弹性系数为-1.8895,进出口的弹性系数为1.8901,人口抚养比的弹性系数为-4.4862,符合经济理论的预期。金融抑制的系数为负,我国的金融抑制程度过高,带动了我国的对外直接投资。这是因为,我国的金融抑制政策使得我国经济结构失衡,导致外部顺差,低利率和信贷约束使得储蓄超过投资,又由于我国居民的流动性严重不足,使得我国企业在国内的投资机会不足,在这种情况下,我国的企业进行对外直接投资成为必然。所以说,我国的金融抑制政策促进了我国的对外直接投资。在本书中,lnimpexp衡量我国的对外开放度,其符号符合预期说明我国的贸易与对外直接投资是互补的关系,我国的对外贸易促进了我国的对外直接投资,二者为互补关系,这一结论与蔡锐等(2004)、项本武(2009)的结论一致。lnpopu衡量我国的人口抚养比,在1982—2005年间我国的人口结构没有促进我国的对外直接投资,这是由于这一时期我国的人口抚养比较低,较低的抚养比说明我国的劳动力供给充裕,劳动力的价格较低,为我国企业和经济的发展创造了有利的条件,所以lnpopu不构成这一时期我国对外直接投资的动因。

作为比较,我们用OLS对此长期均衡关系进行了回归,回归结果见表5.8。

表5.8　OLS估计结果

变量	估计系数	标准差	统计量	P值
lnstanfina	-1.154903	0.4666191	-2.48	0.028
lnimpexp	1.959741	0.7166494	2.73	0.017
lnpopu	3.121315	5.003113	0.62	0.544
常数项	-9.847309	3.770839	-2.61	0.022

从表 5.8 可以看出，除了 lnpopu 这一项不显著，OLS 系数估计值与 Johansen 的 MLE 估计结果比较接近。从理论上来讲，MLE 估计方法更有效率。

第三节　中国对外直接投资的影响因素：基于母国人口结构的视角

本章节从人口结构的视角继续探讨中国对外直接投资的影响因素。根据国家统计局的统计，2014 年年底，中国 60 岁以上的老年人口数量达到 2.12 亿人，成为世界上第一个老年人口破 2 亿的国家，中国的人口结构趋于老龄化逐步显现，并且这种趋势呈现出加速的势头。杨宜勇（2008）认为，中国人口老龄化不仅改变了劳动力的供给和需求总量，而且也改变了劳动力的供给和需求结构。当劳动力的成本上升时，社会会要求对人力资本的投资要有更高的回报，这势必要求劳动生产率具有较高水平。当劳动力成本上升，而劳动生产率不能同时提高时，企业的生产成本增加，则企业有可能寻找劳动力成本更低的地区进行投资，这时对外直接投资有可能会发生。因此，人口结构因素可能是引起中国对外直接投资的因素之一。

一、问题的提出

当前世界经济艰难复苏，全球外国直接投资流量下降的情况下，根据商务部的统计，2014 年，中国的对外直接投资继续高速增长，创下了 1231 亿美元的历史最高值，且双向投资首次接近平衡。另外，根据国家统计局的统计，2014 年年底,中国60岁以上的老年人口数量达到2.12亿人,成为世界上第一个老年人口破2亿的国家,中国的人口结构老龄化趋势逐步显现。人口对于一个国家的发展起着非常重要的作用,它像地理条件、自然资源、货币金融和国际环境一样,影响着国家经济的发展。任何一个国家的发展都必须考虑到人口数量、人口结构和人口素质等因素。

一直以来,中国丰富的劳动力资源为中国经济的发展提供了比较优势。劳动力资源的比较优势内生于一国的人口结构(孙早,2014)。蔡昉和陆旸(2013)认为,在中国经济高速增长的过程中,中国的人口红利为中国经济发展提供了丰富的劳动力。中国经济之所以能保持较长时间的高增长,得益于中国丰富而廉价的劳动力,这也构成了中国经济发展的比较优势,从而中国的企业可以实现低成本的生产,进而在产品价格上具有比较优势,在国际市场上具有较强的竞争力。改革开放后,中国的劳动力成本较低,吸引了大量的外商直接投资,由于多重因素的影响,同时期中国的对外直接投资处于较低水平。进入21世纪之后,中国经济继续保持高速发展,人口结构开始出现老龄化趋势,并且这种趋势呈现出加速的势头,同时中国的对外直接投资开始迅猛增长。

梳理已有的文献,我们发现,关于人口结构转型和经济发展、经济增长关系的研究已经越来越引起国内学者的重视。研究主要集中在人口结构对储蓄率的影响(郑基超,倪泽强,刘晴,2015;Matthew Higgins,1997;王德文,蔡昉,2004),人口结构与经常项目收支(刘渝琳,刘铠豪,2015),人口结构与国际贸易(田巍,姚洋,余淼杰,周羿,2013)等。但是到目前为止,以往研究人口结构的文献主要是研究人口结构对经济增长的影响,以及对外直接投资对母国经济增长的反向溢出效应,鲜有文献关注人口结构转型与对外直接投资之间的直接关联。

经过 30 多年的高速经济增长,进入 21 世纪后,我国的人口结构发生了很大的转变,表现为死亡率和生育率显著下降,人口的自然增长率下降到 1‰ 以下,老龄化趋势加剧,劳动人口增长趋于停滞。在当前人口结构发生转变,我国经济增长速度持续低迷的情况下,人口结构变化如何影响我国的经济增长模式,特别是我国长期以来主要依赖投资和出口拉动经济增长的这样一个国家,研究该问题显得尤为重要。鉴于此,本书研究人口结构转型对中国对外直接投资的影响。人口结构和对外直接投资二者的内在经济学逻辑如下:一方面,进入 21 世纪后,1980 年代的计划生育政策效果开始显现,老龄化趋势加剧,劳动力从无限供给演变到出现民工荒,劳动力的供给下降,我国的工资水平上涨,这迫使企业寻找工资更低的国家或者地区进行生产;另一方面,改革开放以来,我国低人口抚养比使得我国依赖人口红利发展出口导向型经济发展战略,这使得我国的经常账户持续顺差,积累了大量的外汇储备,这部分资金迫切需要寻找出路,同时也为我国对外直接投资提供了资金支持。

二、中国人口制度、数量和结构探析

中国在 20 世纪 70 年代初开始推行计划生育政策,经过 10 年的努力,到 1980 年代,中国的人口自然增长率开始下降,平均每名妇女一生所生育子女数从 1970 年的 5.71 降到 1980 年的 2.24,国际公认的最佳人口更替水平为 2.1,中国

2.24 的这一数值接近国际水平。到 20 世纪 70 年代末 80 年代初,中国政府做了一次 1949 年以来最大的人口调整政策,1980 年在全国人大五届三次会议上正式规定了一对夫妇只生育一个孩子。到 1990 年代中期,人口数量进一步下降,人口的自然增长率由 1990 年的 14.39‰下降到 1995 年的 10.55‰,到 1999 年下降到 8.18‰,并从此基本稳定在 1%以下,全国的生育水平降到更替水平以下(李琦等,2014)。到 2000 年,中国大陆的总人口为 12.67 亿,人口增速得到减缓,在实行严格计划生育长达四分之一的世纪,中国的人口数量得到了控制。第六次全国人口普查结果显示,到 2010 年年末中国大陆总人口为 13.4 亿。在人口政策的约束下,根据国家统计局的统计数据,2012 年,中国 15 岁至 59 岁劳动年龄人口第一次出现了绝对下降。人口数量、人口结构的变化将对经济增长产生显著影响。蔡昉认为,判断一国是否拥有人口红利,要看两个指标:一是劳动年龄人口;二是将劳动年龄人口作为分母,其他年龄组如年幼、年老者作为分子得到的人口抚养比,如果劳动年龄人口增长、人口抚养比下降,就会带来人口红利,反之,就没有人口红利。在这一背景下,结合人口普查数据,2013 年政府通过了《中共中央关于全面深化改革若干重大问题的决定》,开始对现行计划生育政策进行调整,实施"单独两孩"政策。随着中国政府在人口政策上的变动,中国的人口数量经历了大起大落,我们整理了 1990—2014 年间的人口数量和结构数据,见表 5.9。

表 5.9　1990—2014 年间中国人口结构

单位:万人

年份	总人口(年末)	按年龄组分						总抚养比(%)	少儿抚养比(%)	老年抚养比(%)	按城乡分	
		0~14 岁		15~64 岁		65 岁及以上					城镇比重(%)	乡村比重(%)
		人口数	比重(%)	人口数	比重(%)	人口数	比重(%)					
1990	114333	31659	27.7	76306	66.7	6368	5.6	49.8	41.5	8.3	26.4	73.6
1991	115823	32095	27.7	76791	66.3	6938	6.0	50.8	41.8	9.0	26.9	73.1
1992	117171	32339	27.6	77614	66.2	7218	6.2	51.0	41.7	9.3	27.5	72.5
1993	118517	32177	27.2	79051	66.7	7289	6.2	49.9	40.7	9.2	28.0	72.0
1994	119850	32360	27.0	79868	66.6	7622	6.4	50.1	40.5	9.5	28.5	71.5
1995	121121	32218	26.6	81393	67.2	7510	6.2	48.8	39.6	9.2	29.0	71.0
1996	122389	32311	26.4	82245	67.2	7833	6.4	48.8	39.3	9.5	30.5	69.5
1997	123626	32093	26.0	83448	67.5	8085	6.5	48.1	38.5	9.7	31.9	68.1
1998	124761	32064	25.7	84338	67.6	8359	6.7	47.9	38.0	9.9	33.4	66.7

续表

年份	总人口（年末）	按年龄组分						总抚养比（%）	少儿抚养比（%）	老年抚养比（%）	按城乡分	
		0~14岁		15~64岁		65岁及以上					城镇比重（%）	乡村比重（%）
		人口数	比重（%）	人口数	比重（%）	人口数	比重（%）					
1999	125786	31950	25.4	85157	67.7	8679	6.9	47.7	37.5	10.2	34.8	65.2
2000	126743	29012	22.9	88910	70.1	8821	7.0	42.6	32.6	9.9	36.2	63.8
2001	127627	28716	22.5	89849	70.4	9062	7.1	42.0	32.0	10.1	37.7	62.3
2002	128453	28774	22.4	90302	70.3	9377	7.3	42.2	31.9	10.4	39.1	60.9
2003	129227	28559	22.1	90976	70.4	9692	7.5	42.0	31.4	10.7	40.5	59.5
2004	129988	27947	21.5	92184	70.9	9857	7.6	41.0	30.3	10.7	41.8	58.2
2005	130756	26504	20.3	94197	72.0	10055	7.7	38.8	28.1	10.7	43.0	57.0
2006	131448	25961	19.8	95068	72.3	10419	7.9	38.3	27.3	11.0	44.3	55.7
2007	132129	25660	19.4	95833	72.5	10636	8.1	37.9	26.8	11.1	45.9	54.1
2008	132802	25166	19.0	96680	72.7	10956	8.3	37.4	26.0	11.3	47.0	53.0

续表

年份	总人口(年末)	按年龄组分						总抚养比(%)	少儿抚养比(%)	老年抚养比(%)	按城乡分	
		0~14岁		15~64岁		65岁及以上					城镇比重(%)	乡村比重(%)
		人口数	比重(%)	人口数	比重(%)	人口数	比重(%)					
2009	133450	24659	18.5	97484	73.0	11307	8.5	36.9	25.3	11.6	48.3	51.7
2010	134091	22259	16.6	99938	74.5	11894	8.9	34.2	22.3	11.9	50.0	50.1
2011	134735	22164	16.5	100283	74.4	12288	9.1	34.4	22.1	12.3	51.3	48.7
2012	135404	22287	16.5	100403	74.1	12714	9.4	34.9	22.2	12.7	52.6	47.4
2013	136072	22329	16.4	100582	73.9	13161	9.7	35.3	22.2	13.1	53.7	46.3
2014	136782	22558	16.5	100469	73.4	13755	10.1	36.2	22.5	13.7	54.8	45.2

数据来源:历年中国统计年鉴。

从表 5.9 来看,我国的少儿抚养比处于下降的趋势,农村人口占比也在大幅度地下降,15~64 岁的劳动人口在 2010 年之后开始出现减少,老年抚养比为上升的趋势,整体的人口抚养比在 2012 年发生了变化,2012 年之后人口抚养比开始上升。根据民政部相关数据,截至 2014 年年底,全国 60 岁以上的老年人已达 2.12 亿,占总人口的 15.5%,21 世纪中叶,老年人口数量将达到峰值,超过 4 亿。我国人口老龄化加剧,人口年龄结构正在发生转变。根据刘易斯的理论,人口结构发生变化将会对一国的经济产生很大的影响。刘易斯(1954)认为,发展中国家农业部门存在着严重过剩的劳动力,随着现代工业经济部门的扩大,农业部门的过剩劳动力向工业部门转移,当农村剩余劳动力逐渐消耗殆尽后,即一个经济体超过了刘易斯拐点后,发展中国家的工人工资将会快速增长。工资的上涨,将会对一国经济产生多方面的影响。对于中国人口红利是否已经消失,国内学者还存在着一些分歧。我们再来看一组数据。自 1989 年以来,日本国际协力银行开始对日本企业的海外经营进行调查,调查企业的海外经营现状,以及企业对海外经营业务的未来展望。根据 2013 年 11 月的调查结果,中国失去了自 1989 年以来作为日本海外投资首选目的地的位置,中国不再是日本的对外直接投资的首选地。根据谷本正幸(2014)的研究,在 2012 年的调查中,62.1%的参与者认为中国是较为理想的投资目的地,但到了 2013 年,这一比例降到了 37.5%。是什么原因使得中国失去了作为日本的海外投资首选地?调查分析认为,中国的"劳动力成本上升"是日本企业最大的忧虑,其占比为 77.1%,"市场竞争激烈"排在第二位,中国政府的"执法不严"和"知识产权保护力度不够"分别列第三和第四位。从日本国际协力银行对日本海外投资企业的调查情况来看，中国目前的劳动力成本在上升，致使日本的企业将投资的目的地转向了劳动力成本更低的其他国家。中国劳动力成本的上升，已使得中国企业"走出去"寻求廉价劳动力的东道国。王国婷、任荣明（2015）以中亚国家2003年至2012年的面板数据为样本，就对外直接投资存量与各因素进行实证研究发现，中国在中亚的直接投资首先是为了寻求低成本劳动力和广阔的市场规模，其次才是获取中亚丰富的油气资源。

三、人口结构对对外直接投资的影响机理分析

以往的研究已经发现，以下的因素会显著地推动中国对外直接投资的流出：GDP的规模、人均GDP、对外开放度和制度（Buckley，2007；阎大颖，2013等）。一国的人口结构变化类似于它的GDP规模的改变（田巍，姚洋，余淼杰，周羿，2013）。人口结构的改变可能是由多种原因引起的，比如，我国20世纪80年代开始实施的"一孩"计划生育政策使得生育率下降，医疗水平和生活水平的提高降低了死亡率，延长了人的寿命，社会的竞争压力大，使得女性不愿意多生等，各种因素致使生育率下降，人口老龄化加速。这种人口结构的转变可能会通过以下路径影响我国的对外直接投资。

（一）人口结构通过影响劳动力的供给进而影响对外直接投资

联合国（2001）的人口项目指出，如果资本充裕的国家和劳动力充裕的国家，在人口生育率方面降低的速度不同，从而人口增长的速度差别很大，则两类国家在人口的结构和劳动力的供给方面会出现较大的变化。一国人口年龄构成会影响其劳动力的供给数量，根据H-O模型，各国的人口结构

差异就会成为影响国家或者地区间商品和要素流动的主要决定因素。Sayan(2004,2005)研究了两国人口结构差异对国际贸易流动的影响,分析认为两国间人口年龄结构的差异会造成两国间工资率的差异,这种差异会引起要素在国家间的流动。因此,一国的人口结构变动将通过影响劳动力的供给,从而影响劳动者的工资,最终对该国的对外直接投资产生影响。

那么,我国的人口结构转变是否引起了劳动力供给的下降,进而引起工资的上升? 致使我国的企业寻求对外直接投资呢? 改革开放以来,中国经济高速增长所吸纳的就业,主要是在城市,而当城市的劳动力不足时,依赖农村剩余劳动力来补齐。从表5.9的数据来看,进入21世纪,我国的人口结构发生了很大的变化,15～64岁的劳动力人口增长缓慢,2010年开始出现下降的趋势,65岁以上的人口占到总人口的10.1%。另外,中国老龄科学研究中心的报告数据显示,截至2014年年底,全国60岁以上的老年人已达2.12亿,占总人口的15.5%。在如此严峻的人口结构形势下,一直认为取之不尽、用之不竭的农村剩余劳动力也出现下降,从2000年的占总人口的73.68%下降到了2014年的45.23%。人口结构的转变,改变了我国的劳动力供给,使得劳动力供给总体上出现下降。近年来,全国范围内出现的"民工荒"和农民工工资逐年上涨就是一种反映。这也得到了蔡昉研究的证实。蔡昉(2010)的研究认为,中国已经度过了刘易斯拐点,随着城市劳动年龄人口的数量趋于下降,因而越来越依赖农村劳动力,而随着中国人口年龄结构的转变,农村劳动年龄人口也逐渐减少,因而,近年来农民工工资逐年上涨。人口结构转变过程与卢峰(2010)关于工资的研究数据也吻合。根据卢峰的研究,20世纪90年代,农民工月收入大约为500元,2001年到2003年增长到640～690元,从2007年开始月收入超过了1000元,到了2010年更是达到1690元。这进一步证明了,人口结构转变引起的劳动力供给减少,使得劳动力的工资上升。

邓宁认为,在企业的跨国投资中,劳动力成本是众多生产成本中最重要的组成部分。当劳动力的成本上升时,社会会要求对人力资本的投资要有更高的回报,这势必要求劳动生产率具有较高的水平。而当劳动力成本上升,劳动生产率不能同时提高时,企业的生产成本增加,则企业有可能寻找劳动力成本更低的地区进行投资,这时中国企业对国外的对外直接投资有可能会发生。中国的对外直接投资具有效率寻求动机(阎大颖,2013;胡翠平,2015;王国婷,任荣明,2015等)。

(二)人口结构通过影响经常账户进而影响对外直接投资

根据生命周期理论,个人的年龄会影响其储蓄行为(Modigliani & Bumberg,1954)。由于一国的经常账户余额是由储蓄和投资的不平衡决定的,因而人口年龄结构会通过影响储蓄进而影响一国的经常账户。在全球化的今天,国家间人口年龄结构的差异势必会引起经常账户的差异,进而引起资本从人口老龄化的国家流动到人口快速增长的国家(Marchiori,2011)。

人口结构转型是指一个国家人口结构的变化,它也是解释中国为何会选择对外直接投资的重要原因。在过去的几十年间,我国多处于人口结构变化的第二阶段[1](姚洋、余淼杰,2009),但第二阶段由于我国20世纪80年代实施的计划生育政策被大大缩短了。尽管如此,"一孩"政策带来了我国人口抚养比[2]的快速下降。低人口抚养比对于我国经济增长产生了重要的影响,这是因为,一方面,低的人口抚养比,使得中国拥有极为庞大的廉价劳动力供给,使得我国近30年来维持了经济的高速增长;另一方面,人口抚养比越低,储蓄率就越高,消费相对来说就更少,从而投资比率更高、资本积累更快,当储蓄大于投资,扣除国内投资和消费后,剩余的产出出口到国外,就会产生贸易顺差及我国经常账户的大量盈余。一国低的人口抚养比引起其国内储蓄的增多和经常项目的盈余,这一点也得到了国内外学者的论证(Higgins,1998;王仁言,2003)。

对外直接投资不仅要投入可变成本,而且要投入大量的固定成本,以及为了应对对外直接投资活动中额外的风险,都需要企业有更多的资金支持(Helpman,2004)。Campello et al.(2009)对金融危机期间亚洲、欧洲和美国的企业进行了调查,其中86%的企业认为在2008年次贷危机期间由于受到资金约束,企业的投资行为受到了限制。我国一直以来的较低人口抚养比使得我国多年来积累了大量的贸易顺差,为我国积累了大量的外汇储备,这为我国企业"走出去"提供了

---

① Thompson(1929)和Notestein(1945)把人口结构变化分为三个阶段:第一阶段为高出生、高死亡和低增长阶段,第二阶段为高出生、低死亡和高增长阶段,第三阶段为低出生、低死亡和低增长阶段。

② 人口抚养比是指年龄在14岁以下和65岁以上的人口与年龄在15~64岁人口的比率。

充足的资金支持。同时经常项目的长期大量盈余,使得在国内产能过剩、消费不足、资本过剩的情况下,对外直接投资也是我国企业的一种必然选择。

四、实证方法、数据来源与实证结果分析和解释

(一)估计方法和数据来源

本书使用 2003—2010 年的省级面板数据来研究人口结构对中国对外直接投资的影响。与截面数据和时间序列数据相比,面板数据的估计结果更为可靠,因为对于无法观测或测量的变量,面板数据可以更好地控制这些变量对对外直接投资的影响。在处理面板数据时,是使用固定效应模型还是随机效应模型,可以进行豪斯曼检验以确定使用哪一种模型更为合适。本书通过进行豪斯曼检验(Hausman Test),选定使用固定效应模型,并使用 STATA 12.0 软件进行回归分析。相关变量如下:

因变量(ODI):由于对外直接投资流量数据没有滞后效应,更能反映经济的实际情况,因此用流量数据来表示,相关数据来自历年《中国对外直接投资统计公报》。为了避免数据的异方差,其取对数值,用 lnodi 来表示。

根据前面的分析,人口结构是影响中国对外直接投资的因素之一,是本书分析的重要解释变量。依据刘渝琳(2015)的方法,采用少儿抚养比(childpro)和老年抚养比(oldpro)作为衡量人口年龄结构的指标,相关人口数据来源于《中国统计年鉴》。我们预期少儿抚养比的符号为负,老年抚养比的符号为正。

Buckley(2007)认为,中国特殊的制度安排引致了中国

大量的对外直接投资。我们用樊纲等(2010)创立的市场化进程指标衡量我国的制度(index),该指标数值越大,意味着制度的质量越高。我们预期制度的符号为正。

邓宁认为,一国的对外直接投资受该国经济发展水平的影响,我们用剔除了价格因素的 GDP 来表示经济发展水平,取对数,预期 lngdp 的符号为正。数据来自《中国统计年鉴》。

弗农(1966)认为,对外直接投资前的出口(lnexp)为企业的后续投资积累了经验,降低了之后的投资风险,所以出口越多可能引致更多的对外直接投资。我们预期 lnexp 的符号为正,贸易数据来自《中国金融年鉴》。

在整理数据时,我们发现西藏数据在统计中不完整,因此本书剔除了西藏的对外直接投资数据。对于缺失和异常的数据,进行处理后,我们得到从 2003—2010 年 30 个地区的面板数据(未包含港澳台数据)。

(二)实证结果分析和解释

自中国实施计划生育政策以来,中国的人口结构发生了较大的变化,少儿抚养比开始下降,老年抚养比开始攀升,这一结构变化导致中国的劳动力成本不断攀升。一方面,劳动力成本上升引起对劳动力成本敏感的外商直接投资行业撤出中国;另一方面,劳动力成本的上升也引起中国的企业向海外扩张,寻求劳动力成本更低的投资目的地。表 5.10 和表 5.11 分别为少儿抚养比的下降对中国企业对外直接投资的影响和老人抚养比上升对中国企业对外直接投资影响的实证回归结果。

从表 5.10 的回归结果来看,随着控制变量的增多,少儿抚养比的下降对中国对外直接投资的影响越来越弱,少儿抚养比对中国对外直接投资的影响不显著。这可能是由于,尽管少儿抚养比的下降使得劳动人口抚养少儿的负担较轻,但由于老年抚养比的上升,整体的人口抚养比呈上升趋势,导致少儿抚养比对对外直接投资的影响不显著。虽然不显著,但符号为负,这可能是由于较低的少儿抚养比会增加全社会的储蓄,进而影响经常账户,使得经常账户盈余增加,积累更多的外汇储备,为对外直接投资提供更多的资金支持。另外,少儿抚养比下降,同期老年抚养比上升,则劳动力供给下降,工资上升,这也将导致企业寻求成本更低的海外目的地进行投资。在该模型中,制度、经济发展水平与预期的符号一致,说明制度越是完善、经济发展水平越高,越能促进对外直接投资。而出口对对外直接投资的影响不显著,而且符号为负,这可能是由于出口和对外直接投资存在替代效应。

表 5.10　少儿抚养比与对外直接投资

变量	FE lnodi	FE lnodi	FE lnodi	FE lnodi
childpro	-0.3748^{***} (0.0379)	-0.1602^{***} (0.0407)	-0.0505 (0.0452)	-0.0491 (0.0452)
index		1.1206^{***} (0.1331)	0.6046^{***} (0.1681)	0.6090^{***} (0.1683)
lngdp			7.2633^{***} (1.5732)	7.3965^{***} (1.5818)
lnexp				-0.0868 (0.0997)

变量	FE lnodi	FE lnodi	FE lnodi	FE lnodi
_cons	17.4253*** (0.9554)	4.1903** (1.7644)	−55.4471*** (13.0239)	−56.2440*** (13.0657)
N	195	195	195	195
F 检验	7.32	7.18	8.01	7.91
R^2	0.3722	0.5616	0.6123	0.6141
调整的 R^2	0.2619	0.4814	0.5386	0.5379

注：*、**、***分别表示在 10%、5%和 1%的水平上显著,括号内为标准误。

从表 5.11 的回归结果来看,中国的老年抚养比的上升与中国的对外直接投资呈正相关的关系。这是由于计划生育政策的效果开始显现,中国的人口结构进入了转型时期,表现出低出生率、低死亡率、低人口增长率为特征的第三阶段。这一时期,由于人口结构转型导致中国的劳动力资源稀缺,劳动供给量减少,使得工资开始上升。我国工资的上升给企业的生产制造带来了成本上升的巨大压力,迫使企业寻找工资更低的国家或者地区进行生产,引起了我国的对外直接投资。从实证分析结果我们看到,老人抚养比每上升一个百分点,中国的对外直接投资上升 0.15 个百分点。在表5.11 的模型,三个控制变量与表 5.10 的模型结果一样,制度、经济发展水平符号为正,说明制度越是完善,经济发展水平越好,越能促进对外直接投资。而出口的符号为负,可能是由于出口和对外直接投资存在替代效应。

表 5.11　老年抚养比与对外直接投资

	(1) lnodi	(2) lnodi	(3) lnodi	(4) lnodi
oldpro	0.6255*** (0.1077)	0.2464*** (0.0866)	0.1516* (0.0812)	0.1521* (0.0812)
index		1.3251*** (0.1145)	0.5913*** (0.1672)	0.5956*** (0.1673)
lngdp			7.6644*** (1.3584)	7.7760*** (1.3643)
lnexp				−0.0918 (0.0989)
_cons	0.3035 (1.3319)	−4.3019*** (1.0683)	−61.8323*** (10.2432)	−62.3958*** (10.2655)
N	195	195	195	195
F 检验	6.73	7.81	9.4	9.26
R^2	0.1697	0.5428	0.6175	0.6195
调整的 R^2	0.0238	0.4592	0.5448	0.5444

注:*、**、***分别表示在 10%、5%和 1%的水平上显著,括号内为标准误。

(三)稳健性分析检验

为了检验上述实证结果的稳健性,我们进一步使用时间序列数据进行检验,表 5.12 列出了 1990—2013 年间的 OFDI、少儿抚养比和老年抚养比的数据。

表 5.12　1990—2013 年对外直接投资和抚养比数据

年份	OFDI （亿元）	少儿 抚养比 （%）	老年 抚养比 （%）	年份	OFDI （亿元）	少儿 抚养比 （%）	老年 抚养比 （%）
1990	8.3	41.5	8.3	2002	25.18	31.9	10.4
1991	9.13	41.8	9.0	2003	28.55	31.4	10.7
1992	40	41.7	9.3	2004	54.98	30.3	10.7
1993	44	40.7	9.2	2005	122.61	28.1	10.7
1994	20	40.5	9.5	2006	211.6	27.3	11.0
1995	20	39.6	9.2	2007	265.1	26.8	11.1
1996	21.14	39.3	9.5	2008	559.1	26.0	11.3
1997	25.62	38.5	9.7	2009	565.3	25.3	11.6
1998	26.34	38.0	9.9	2010	688.1	22.3	11.9
1999	17.74	37.5	10.2	2011	746.5	22.1	12.3
2000	9.16	32.6	9.9	2012	878	22.2	12.7
2001	68.85	32.0	10.1	2013	1078.4	22.2	13.1

资料来源：《中国统计年鉴》。

在进行回归之前,我们先检验中国的对外直接投资、少儿抚养比和老年抚养比是否有单位根。在进行单位根检验前,我们先看一下几个变量的时间趋势图,见图 5.4。

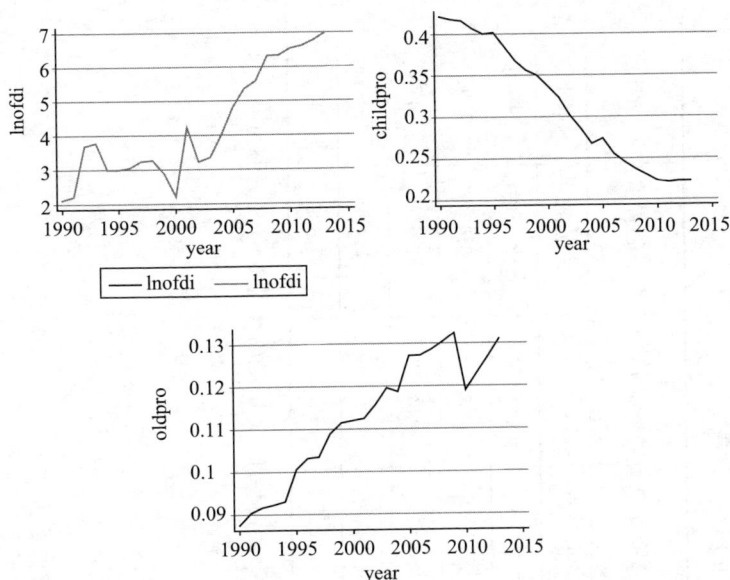

图 5.4　对外直接投资（OFDI）、少儿抚养比（popu）和老年抚养比的（oldpro）变化图

从图 5.4 可以大致看出，几个时间序列带有常数项，而且有明显的时间趋势。如果时间序列存在单位根，可能带来一些问题，比如自回归系数的估计值不是渐进正态分布，传统的 t 检验失效，并且自回归系数的值向左偏向于 0，在此基础上，做出的变量回归可能出现伪回归或伪相关。因此，我们首先对变量是否存在单位根进行检验，表 5.13 列出了各变量单位根检验的结果。

表 5.13　各变量 ADF 单位根检验结果

变量	差分次数	检验形式 (C,T,L)	ADF 检验统计量	1% 临界值	5% 临界值	10% 临界值	结论
lnofdi	0	C,T,1	−0.702	−3.750	−3.000	−2.630	不平稳
lnofdi1	1	C,N,0	−5.917	−3.750	−3.000	−2.630	平稳
childpro	0	C,T,1	−0.736	−3.750	−3.000	−2.630	不平稳
childpro1	1	C,N,0	−3.766	−3.750	−3.000	−2.630	平稳
oldpro	0	C,T,1	−1.265	−3.750	−3.000	−2.630	不平稳
oldpro1	1	C,N,0	−5.307	−3.750	−3.000	−2.630	平稳

注：(C,T,L)C 代表常数项,T 代表时间趋势项,L 代表滞后阶数,滞后阶数由 AIC 准则确定,滞后项可使残差项为白噪声。一般经过差分处理后,序列就不存在时间趋势了。

　　由检验可知各变量的原序列都是非平稳的,经过一阶差分后都是平稳的,因此,我们判定各时间序列变量为 I(1) 阶单整,可以进行 Johansen 协整检验。

　　如果各变量的原序列为同阶单整,则变量间可能存在长期均衡的关系,对相关变量进行 Johansen 协整检验,结果见表 5.14 和表 5.15。

表 5.14　少儿抚养比与对外直接投资的 Johansen 协整检验结果

协整关系个数	特征根	迹统计量	最大特征值统计量
0 个协整向量	·	17.3670 (18.17)*	12.1456 (16.87)
至少 1 个协整向量	0.4243	5.2214 (3.74)	5.2214 (3.74)

　　注:*表示在 5% 的水平上接受了"协整秩为 0"的假设,二者间不存在协整关系。

表 5.15　老年抚养比与对外直接投资的 Johansen 协整检验结果

协整关系个数	特征根	迹统计量	最大特征值统计量
0 个协整向量	·	10.9078 (6.21)	8.3374 (4.68)
至少 1 个协整向量	0.91159	5.5704 (3.49)*	2.5704 (7.02)

　　注:*表示在 5% 的水平上拒绝"协整秩为 0"的假设,但无法拒绝"协整秩为 1"的假设,括号中的数值为 5% 的临界值。

　　从表 5.14 来看,方程协整秩的个数为 0,说明少儿抚养比与对外直接投资变量间不存在长期均衡的关系,这一结果与固定效应的模型结果一致。从表 5.15 可以看出,方程协整秩的个数为 1,说明各变量至少存在 1 个长期均衡的关系。用 Johansen 的 MLE 方法进行估计,估计结果为:lnofdi = -9.2+132.48oldpro,从方程来看,老年抚养比的上升促进了中国的对外直接投资。这与固定效应模型的结果相一致。

本章小结

　　根据新制度经济学的观点,制度是一个社会的博弈规则,是人为设计的、形塑人们互动关系的,包括正式规则(政治、经济规则以及契约等法律法规)约束和非正式规则(价值信念、伦理规范、道德观念等)约束,也为企业决策提供了相应的激励安排(North,1990;Scott,1995)。本书从母国制度的视角,关注制度对中国对外直接投资的影响,特别是从市场化进程和知识产权保护程度的视角对对外直接投资的影响进行研究。根据 Beck(2005)、Claessens(2003)和 Cull(2005)的研究,知识产权保护等制度因素对企业的成长机会、资源分配和投资行为等产生了多方面的重要影响。产权制度和政府的政策可能会通过影响企业的人才和技术等要素,进而对企业的所有权优势产生影响(Dunning,熊伟,阎大颖)。知识产权保护作为影响企业行为的重要制度安排将会影响到企业的研发和创新行为。通过实证分析我们发现,市场化进程有效地推动了中国的对外直接投资水平,随着我国经济体制改革的进一步推进,改革的深化,市场经济日趋完善,国内的各种制度环境得以改善,企业所处的制度环境改善为企业提供了更多的成长机会,更加有利于企业开展经营活动和投资行为。市场化进程推进快的地区,产权明晰,通过保护投资者权益促进了金融市场的发展,减少了金融交易中的不确定性,其各项制度质量包括金融发展的水平都很高,因此在对对外直接投资的影响上,市场化进程和金融发展水平对对外直接投资的影响产生了替代效应,并没有相互加强。我国的立法水平已处于相对完善的阶段,但长期存在的知识产权侵权问题反映了我国的执法力度相对落后(王平,谭智,2012)。我国长期以来知识产权制度对技术的保护较为薄弱,根据 Maskus 和 Penubarti(1995)的研究,发展中国家的知识产权保护薄弱会加强该国企业的模仿行为,进而企业间产生了技术溢出,因此,我国目前的产权制度环境对我国的对外投资产生了影响,通过影响研发投入进而影响中国的对外直接投资。但需要强调的是,知识产权保护的这种影响不意味着将长期显著存在。

　　金融制度本身是经济发展的重要决定因素之一。张曙光(2014)认为,中国经济运行的最大问题是政府干预要素市场,特别是金融市场,从而造成了严重的金融扭曲和金融抑制。我们从母国金融抑制的视角,通过实证方法验证了中国的金融抑制政策对中国对外直接投资具有促进作用。中国的金融抑制政策使得资源配置到了制造业的出口贸易部门,虽然在这一政策下,中国积累了大量的贸易顺差,但是这以中国的经济失衡和部门发展的不均衡为代价。中国在积累了大量的外汇储备后,由于没有好的投资渠道,又以证券的形式回流到发达国家,以低息供国外的企业和消费者使用。由于我国的消费者存在流动性约束,还有一部分资本通过对外直接投资的形式流到其他国家。我国的金融抑制政策基本完成了一定时期国家设定的目标,但随着外汇储备的增多以及经济结构的失衡等,我国应当逐步对金融抑制进行改革。金融市场效率的发挥,有助于金融市场将资源配置到效率更高的企业,提升企业资金的使用效率,进而提高企业的生产率,这可以间接地纠正当前我国部门发展的不平衡,进而纠正经济结构的失衡。

中国人口结构的问题在 21 世纪之后开始显现。中国经济继续高速发展,同时人口结构开始出现老龄化趋势,并且这种趋势呈现出加速的势头,与中国对外直接投资的迅猛增长同步。中国人口老龄化不仅改变了劳动力的供给和需求总量,而且也改变了劳动力的供给和需求结构。当劳动力的成本上升时,社会会要求对人力资本的投资要有更高的回报,这势必要求劳动生产率具有较高的水平。而当劳动力成本上升,劳动生产率不能同时提高时,企业的生产成本增加,则企业有可能寻找劳动力成本更低的地区进行投资,这时对外直接投资有可能会发生。因此,人口结构因素可能是引起中国对外直接投资的因素之一。人口结构对对外直接投资的影响:一方面,人口结构通过影响劳动力的供给进而影响对外直接投资;另一方面,人口结构通过影响经常账户进而影响对外直接投资。实证结果显示,老年抚养比与对外直接投资呈现显著的正相关关系,而少儿抚养比对中国对外直接投资的影响不显著。面对中国的劳动力成本上升,中国应当转移劳动密集型产业的对外直接投资,引导企业投资到劳动力成本低的国家。同时,为了我国产业结构的升级转换,我国的对外直接投资也应当投资到知识、技术密集型的国家,而不仅仅是劳动力成本低的国家。人口是一个国家发展经济的根本,政府不但要管理社会人口的数量,更应当注重培育人口的质量,努力实现我国人力资本水平的提高,防止国内劳动力成本提升过快,避免过度的资本外移对我国经济造成不良影响。

第六章　中国对外直接投资的区位战略选择影响因素：基于东道国角度

中国的对外直接投资不仅受到母国自身的推动作用影响，而且会受到来自东道国的拉动作用影响。在第五章母国角度研究的基础上，本章节从东道国的角度研究东道国哪些因素吸引了中国的企业对其进行直接投资以及这些因素对中国企业对外直接投资的区位选择的影响。

第一节　中国 OFDI 的影响因素和区位选择

自中国政府 2002 年提出"走出去"战略以来，中国的对外直接投资开始迅速发展，自 2005 年之后，中国的对外直接投资更是以"蛙跳式"的速度迅猛增长。截至 2014 年年底，中国 1.85 万家境内投资者在国（境）外共设立对外直接投资企业 2.97 万家，对外直接投资分布在全球 186 个国家和地区。

纵观中国从 2003 年到 2014 年的投资数据，虽然中国的 OFDI 在范围上流向了 180 多个国家和地区，但基本上前 50 个国家和地区就承接了中国对外直接投资的 90% 以上的存量，虽然每年会受全球经济、东道国和母国因素的影响而影响中国对外直接投资的区位选择，但总体来看，这一时期承接中国对外直接投资前 50 位的国家和地区基本保持稳定。

经过梳理,我们把中国对外直接投资的目的国归为三类:第一类为自然资源丰裕但经济上欠发达的国家,比如阿富汗、贝宁等;第二类为具有廉价劳动力的发展中国家,比如越南、老挝、缅甸等国家;第三类国家为拥有先进技术、完善的金融市场的发达国家,包括美国、德国、日本等国家。从投资的区位来看,中国的对外直接投资主要集中在亚洲地区,2005 年在亚洲的投资占到全球投资的 37%,到 2013 年最高达到 78%,2014 年略有回落,占到 70%。对外直接投资的目的地其次集中在拉丁美洲,2005 年在拉丁美洲的投资占全球投资的比例高达 53%,以后各年逐步下降,到 2014 年占比只有 9%。在北美洲的投资到 2014 年有了提高,达到了 7.5% 的最高值,在欧洲的投资也有了较大的提高,从 2005 年的 3% 增长到了 2014 年的 8.8%。

从中国对外直接投资的现状和数据来看,我们推测中国的对外直接投资受东道国自然资源是否丰裕、劳动力成本是否廉价、战略资产是否丰裕等三大类因素的影响;受东道国因素的影响,中国的对外直接投资在区位选择上也表现出了一定的特征,自然资源寻求型的对外直接投资集中于资源丰富的非洲和亚洲国家,这类国家风险较高,效率寻求型的对外直接投资集中于与中国邻近的亚洲国家,战略资产寻求型的对外直接投资集中于北美和欧洲的发达国家。从第五章对中国对外直接投资母国角度的分析来看,国内的金融抑制促进了中国企业的对外直接投资,因此,在第六章我们考虑东道国国内的金融发展是否吸引了中国的对外直接投资,在分析时,本书加入东道国金融市场这一变量指标,以验证中国的 OFDI 是否具有寻求发达金融市场的动机。

第二节　理论分析和研究假设

目前对于发展中国家对外直接投资的研究还不成熟，没有形成系统的理论体系，现有的研究主要是在传统经典的对外直接投资理论框架下进行研究。中国开展大规模对外直接投资的时间还很短，虽然针对中国对外直接投资的国内外研究已经比较多，但是在研究中也主要是借鉴西方相关的投资理论。本书在现有西方经典跨国公司投资理论和发展中国家对外直接投资理论的基础上，研究影响中国对外直接投资的因素和区位选择。

与西方跨国公司不同，中国企业的国际化是一种后发企业的国际化（吴先明，胡翠平，2015）。作为后发企业，吴先明认为，中国企业的国际化不可能像西方发达国家的跨国公司一样利用其垄断所有权优势，在对外直接投资中必须兼顾企业现有的所有权优势和加强企业的所有权优势两个方面。中国的自然资源种类多，数量丰富，但中国作为一个人口大国，人均资源的占有量很少，外加经过 30 多年的改革开放，经济迅速发展，贸易额剧增，演变为"世界工厂"，中国对资源的需求量前所未有，因此，中国的对外直接投资受东道国资源丰裕的影响，必然进入资源丰裕的国家。邓宁（1993，1998）认为，跨国公司的对外直接投资受东道国市场规模、自然资源丰裕程度、劳动力是否廉价和东道国的技术是否先进等因素的影响。对于市场规模较大的东道国，如果母国和东道国之间的地理距离遥远，势必会提高运输成本，影响企业的绩效，而对外直接投资可以减少国家间的贸易摩擦和直接贸易带来的运输成本（Krugman，Helpman，1985；Friedman，1992）。

肖文、周君芝(2014)认为,中国对外直接投资的动机从未脱离市场寻求、自然资源寻求、战略资产寻求以及效率寻求这四类传统的投资动机。相应地,东道国吸引不同动机对外直接投资的区位优势体现为东道国庞大的市场需求、劳动力成本偏低、自然资源禀赋丰裕以及管理技术知识等战略资源充沛。

根据中国经济的发展现状,结合发达国家和发展中国家的成熟理论,本书作出如下假设。

一、寻求庞大的东道国市场

东道国的市场规模是对外直接投资的主要决定因素之一,这一结论在学者们的研究中比较统一。东道国的市场规模越大,意味着商业机会越多,越会吸引更多的对外直接投资(邓宁,1993,1998)。Buckley(2006)认为,东道国的市场规模是决定对外直接投资进入的非常重要的因素之一。庞大的市场能使得企业发挥自身的生产优势,降低成本,获得范围经济和规模经济优势,同时也提高了企业对资源的使用效率。而且在东道国进行投资,可以规避大量贸易可能引起的国家间的贸易摩擦,可以免除企业由于直接出口而带来的关税,提高企业产品的价格竞争力。Hennart和Park(1994)研究认为,20世纪80年代日本企业就是为了规避来自美国方面的关税和非关税壁垒,而开始对规模庞大的美国市场进行对外直接投资。此外,在东道国进行直接投资可以规避运输造成的企业成本上升。一直以来,中国对外直接投资的重要动因之一是对于外部市场的寻求。Hurst(2011)的研究表明,中国的企业在对外直接投资的市场寻求中不仅针对发展中国家进行投资,而且对发达国家对外直接投资的市场动因也很明显。国内学者程慧芳等(2004)、蒋冠宏(2012)、吴先明等(2015)的研究也证实了中国对外直接投资强烈的市场寻求动机。

因此，本书提出如下假设：中国的对外直接投资受东道国市场规模的正向影响，在区位选择上倾向于选择市场规模庞大的国家。

二、寻求国外稳定的自然资源供给

我国拥有丰裕的自然资源，但由于我国人口众多，人均拥有的自然资源很少。伴随着我国经济的飞速发展，拉升了对资源的巨大需求，我国自然资源供给和需求存在很大的缺口。加之作为世界工厂，中国存在着对资源的渴求。中国在全球铝、铜、镍、铁矿的消耗量中所占比率，从 1990 年的 7％上升至 2000 年的 15％和 2004 年的 20％（李磊，郑昭阳，2012）。传统的对外直接投资理论认为，一国进行对外直接投资的目的之一就是确保国内资源的可持续供应，研究发现，一国国内的资源储备和消耗与该国的对外直接投资有着密切的关系。宋维佳等(2012)研究发现，中国的资源寻求型对外直接投资增势明显，并且主要流向资源丰富的国家和地区，2008 年金融危机后的一段时间，中国企业在海外的资源投资和并购明显增加。从历年中国对外直接投资的数据来看，我国对外直接投资中采矿业的占比很大，在 2013 年占到了总投资的 23％，这也从侧面验证了传统的对外直接投资理论，随着我国经济、贸易的发展，我国的对外直接投资表现出了强烈的资源寻求动机。Buckley 等在 2007 年的研究中发现，自然资源寻求是中国对外直接投资的重要动因之一。

故本书提出假设：中国的对外直接投资受东道国自然资

源丰裕程度的影响,在区位选择上倾向于选择自然资源禀赋丰裕的国家或者地区。

三、寻求战略资产

何帆(2013)认为,20 世纪 90 年代之后,中国通过加工制造业而融入全球生产网络和国际分工体系,由于技术水平低,中国的企业只能参与到制造业的低附加值环节,中国企业的学习能力较强,中国制造业的发展从"微笑曲线"的低端开始向两端扩展,向上游的扩展是为了获得核心技术、稳定能源和原材料供给,向下游的扩展是为了建立销售、渠道网络以及品牌,因此,金融危机后的中国对外直接投资带有明显的谋求向价值链的高端投资的动机。中国跟西方发达国家对外直接投资企业不同,中国对外直接投资的企业并不具备技术、知识和管理等方面的优势。一直以来,我国的国内企业缺乏自主研发能力。根据 Peng(2004)和 Cheung & Qian(2009)的研究,随着中国企业竞争力的上升,越来越多的中国企业逆流投资西方发达国家,以期获得国外先进的知识技术资源,以突破技术瓶颈达到解决国内低端生产困境的目的。因此,我国企业承担着通过对外直接投资提高和引进西方发达企业的高新技术、管理经验,以弥补我国国内技术、知识和管理等资源不足的任务。对发达国家投资、对技术禀赋丰裕的国家进行投资是发展中国家和地区获得先进的技术、知识和管理经验的重要途径,通过对这些国家的投资,发展中国家企业可以获得技术等知识资产的逆向溢出(Kogut&Chang,1991;Luo&Tung)。

因此,本书提出假设,中国的对外直接投资受东道国战略资产禀赋的影响,在区位选择上倾向于选择战略资产丰裕的国家或者地区。

四、寻求低成本劳动力

理论上,国际贸易与投资理论已经指出,东道国劳动力成本是影响跨国公司经营的主要影响因素(马飒,黄建锋,2014)。邓宁认为在企业的跨国投资中,企业所在国优惠的税收政策、较低的生产成本和运输成本等对企业能否从投资中获得利润至关重要,而成本中的劳动力成本是生产成本中最重要的组成部分。赫尔普曼的研究也表明,国家之间生产要素成本的相对差异将导致跨国公司贸易产生。然而,学界对于中国对外直接投资是否具有效率寻求动机的看法并不一致。乔晶和胡兵(2014)认为,考虑到中国国内区域间的巨大差异,其存有回旋空间和国外经营的不确定性风险,即使近年中国国内劳动力成本上升,利用东道国低廉劳动力要素的"效率寻求"并不是当前中国对外直接投资的主要动因。而肖文和周君芝(2014)以及阎大颖(2013)认为,中国的企业与其他发展中国家相比存在比较优势,这种比较优势来源于中国国内长期充分的低价劳动力供给,在中国产业转移趋势背景下,中国企业将廉价生产复制海外时,根据自身的生产技术会选择劳动力充裕、劳动力廉价的东道国。有研究显示,中国的人口结构变化引起的劳动力上升已经使得中国的企业开始对外直接投资。阎大颖(2013)以中国企业为样本,研究了影响中国企业对外直接投资的主要影响因素,研究认为,东道国廉价的劳动力是吸引中国企业对外直接投资的主要因素。余官胜和杨文(2015)的研究指出,在中国分地区的对外直接投资中,工资水平较高的地区有更多的对外直接投资,这反映出我国对外直接投资具有探寻低劳动成本的特征;胡翠平(2015)利用 2004—2012 年间中国对外直接投资的数据,研究发现,中国在发展中国家的投资具有获取低劳动力成本的效率寻求动因,东道国的工资水平越低,生产成本越低,越能吸引中国的对外直接投资。当前,我国人口结构发生了很大的变化,根据国内相关机构的统计数据,截至2014 年年底,全国 60 岁以上的老年人已达 2.12 亿,占总人口的 15.5%,同时,我国的劳动力人口增长出现下降的趋势,我国经济赖以增长的人口红利正在逐步消逝。与此同时,人口结构的转变、劳动力供给的下降引起的工资上升已经得到了蔡昉、卢峰等学者研究的证实以及现实中农民工工资上涨的验证。根据 H-O 模型,各国的人口结构差异就会成为影响国家或者地区间商品和要素流动的主要决定因素。我国的劳动力成本相比于欠发达的国家和地区较高,这势必会引起中国企业的对外直接投资倾向于选择劳动力成本较低的东道国。

鉴于此,本书假设:中国的对外直接投资受东道国劳动力禀赋的影响,在区位选择上倾向于选择劳动力丰裕的国家或者地区。

五、寻求发达的金融市场

根据主流经济学的观点,资本流动应该是从富国流向穷国。但现实的情况却是资本从穷国流向富国,国际资本流动的方向与主流经济学的预测相反。对此,学术界给出了不同的解释,其中一种解释是,发达国家拥有完善的金融体系,与发达国家的金融体系相比,发展中国家的金融体系较为落后,而且大多数的发展中国家普遍存在金融抑制。中国也不例外,一方面,长期存在的金融抑制政策使得利率较低,融资约束更使得居民消费低下，最终导致国内储蓄率居高不下。另一方面，由于中国的金融抑制政策中，对金融市场的限制、信贷管控和利率管制，使得政府优先鼓励发展的出口部门得到了发展，由于出口部门的发展，使得我国的经常账户持续顺差，从而积累了大量的外汇储备。学界认为，由于发达国家的金融体系相对于发展中国家较为发达，因此，发展中国家积累了大量的外汇储备后，倾向于到发达国家进行投资，以期得到更高和稳定的回报。

因此，本书提出假设：中国的对外直接投资受东道国金融市场的影响，在区位选择上倾向于选择金融体系发达的国家或者地区。

六、寻求适宜的制度环境

根据新制度经济学的观点，制度是一个社会的博弈规则，是人为设计的、形塑人们互动关系的，包括正式规则（政治、经济规则以及契约等法律法规）约束和非正式规则（价值信念、伦理规范、道德观念等）约束，也为企业决策提供了相应的激励安排（North，1990；Scott，1995）。跨国企业在对外直接投资的过程中首先面对的就是东道国的制度环境，只有了解和适应东道国的制度环境，企业才能在充满竞争的东道国市场上生存下来并取得成功。邓宁（2006）也认识到其提出的对外直接投资折中理论（OLI）缺乏制度背景，他认为研究跨国公司对外直接投资理论应当加入制度因素。由于发展中国家对外直接投资的特殊性，因此，Peng 等认为研究发展中国家的对外直接投资应该加入制度的因素。对中国对外直接投资现有的研究进行整理，东道国制度因素对中国对外直接投资是产生正向还是负向影响，对此学者们的研究并不统一。我们发现,有的文献认为中国的对外直接投资偏好制度质量较差、风险较大的国家或者地区,有的文献认为中国的对外直接投资也表现出对东道国风险的规避。Kang Y. & Jiang F.(2012)认为,中国的对外直接投资企业倾向于选择经济相对自由、政治体制严格的国家和地区进行投资。

鉴于此,本书对东道国的制度质量进行了控制,从制度的六个角度考察东道国的制度对中国对外直接投资的影响。

第三节 变量、数据来源和样本的选取

一、变量与数据来源

为了全面及时地记录和反映我国对外直接投资的动态和静态情况,2002 年,中国参照国际货币基金组织(IMF)等国际组织关于对外直接投资的统计原则和计算方法,开始由商务部、国家统计局和国家外汇管理局按照新的统计制度和方法联合发布《中国对外直接投资统计公报》,2003 年开始正是我国对外直接投资进入迅猛发展的阶段。为了保证样本的覆盖性和全面性,本书选取 2003—2014 年间中国对全球国家和地区对外直接投资的统计数据,以期能够较好地反映中国对外直接投资的最新动态。考虑到英属维尔京群岛、开曼群岛等投资地为国际避税天堂,为了保证研究的可靠性,文中将这类数据剔除,此外还剔除掉了样本严重缺失的国家,最终的样本国家和地区共计 140 个。

(一)变量的选取

1.因变量

因变量表示中国在东道国的对外直接投资($\ln \text{OFDI}_{it}$)。

由于各国或者地区的年度投资流量数据缺失较多或者存在负值，而且流量数据会受到当期突发事件和不确定因素的影响，存在着随机性，易引起波动，对实证结果的稳健性有影响，因此，在本书中，我们采用中国在东道国的对外直接投资存量数据来度量，并对存量数据取对数，存量能更好地衡量我国的对外直接投资活动。

2.解释变量

根据已有和上述的理论和假设，以及资料的可获得性，我们尽可能加入影响对外直接投资区位选择的变量。

制度环境（IST）：对于东道国制度环境的度量，有的学者选用美国 Heritage 基金会每年发布的评价全球各国经济和政治的 Heritage 指数作为东道国制度的代理变量；有的学者选用《国际国别风险指南》ICRG 的政治风险指标作为东道国制度质量的代理指标。

市场规模（$\ln GDP_{it}$）：市场寻求型的对外直接投资关注东道国的市场规模，本书用东道国的 GDP 来测量市场规模，用 GDP 表示的东道国的市场规模越大，说明东道国的经济实力越雄厚，越容易吸引市场寻求型的企业来投资。其作为衡量影响 OFDI 区位选择的经济因素已经被广泛认同，本书对市场规模 GDP 取对数（$\ln GDP_{it}$）。

自然资源：由于中国的资源短缺，中国企业的对外直接投资可能属于自然资源寻求型，按照 Kolstad & Wiig（2012）的方法，我们采用东道国石油和矿产出口占商品出口的比率来测量东道国的资源情况。

战略资产禀赋：西方发达国家的企业在技术、管理等方面具备特有的优势，中国的企业到这些国家进行投资，企业会得益于外国企业技术的"溢出",本书采用东道国各年度高新技术产品出口占总出口的比重来度量。

金融发展水平:学界对各国金融发展水平的衡量普遍用四个指标,包括股市交易量比、股市市值比、私人信贷比即私人信贷占 GDP 的比例、股市换手率。本书借鉴这一做法,采用世界银行发展指标数据库的系列数据对东道国的金融市场发展程度进行度量。

廉价劳动力:考虑到我国近年人口结构的老龄化,我们推测我国的对外直接投资可能具有效率寻求动机。一国劳动力是否廉价,该国劳动力禀赋是否丰裕是重要的决定因素之一。对于如何衡量一国的劳动力成本,从目前的文献来看,有的学者用人均国民收入水平代表一国的平均工资水平(Globerman&Shapiro,2002;向本武,2008;祁毓,王学超,2012);有的学者用东道国的平均工资来测度东道国的劳动力成本是否对我国的对外直接投资有吸引力(蒋冠宏,蒋殿春,2012)。考虑到数据的可得性和完整性,本书借鉴肖文和周君芝(2013)的做法,用世界银行发展指标数据库中农村人口占总人口的比例来衡量一国的劳动力禀赋,该比例越大,说明一国拥有越多的农村人口,则该国的工资越低,劳动力越廉价,越会吸引更多的中国企业进行投资。

东道国的通胀率:一般而言,一国的通胀率越高,则投资该国所面临的经济风险就会越大,投资该国的外商就会减少。

东道国的基础设施:企业对外直接投资首先要考虑投资当地的基础设施,完善的基础设施如便捷的运输系统、先进的通信系统等可以方便企业的行为,降低企业的运营成本。东道国是否能吸引到对外直接投资,其中关键因素之一是该国完善的基础设施。一些学者的研究表明,东道国基础设施越是完善,对母国对外直接投资的吸引力越大。随着全球各国互联网的普及,互联网应用到了一个国家的各个行业,与移动电话的使用、公路的里程数相比,用互联网的使用情况衡量东道国的基础设施情况有一定的说服力。借鉴岳咬兴和范涛(2014)的做法,本书采用东道国每百人拥有的使用互联网的人数来测量东道国的基础设施状况,衡量东道国的网络覆盖率。

东道国的对外开放程度(OPEN):外商是否会选择在某个国家投资,要看这个国家是否是一个对外开放的国家。一个国家的对外开放程度越高,越会有更多的外商选择在该国进行投资。本书采用世界银行发展指标数据库中以贸易总额占国内生产总值的比重来衡量一国的对外开放程度。

(二)数据来源

对外直接投资数据(OFDI)来源于商务部各年度的《中国对外直接投资统计公报》。制度质量利用世界银行 WGI 数据库中的数据来衡量,世界银行通过对涉及发达国家和发展中国家在内的企业、居民和专家的调查构建的各国治理指标数据库,该数据库包含世界各国和各地区的话语权和问责制、政治稳定与杜绝暴力/恐怖主义、政府效率、监管质量、法治水平、腐败控制六类制度性因素。这些数据通过调研机构、智囊团、非官方组织、国际组织和私营部门企业收集起来。市场规模、自然资源、战略资源、金融发展水平、廉价劳动力、通胀率、基础设施和对外开放度的数据同样来源于世界银行发展指标数据库。表 6.1 列出了各变量的定义以及相关信息,表 6.2 列出了各变量的描述性统计特征。

表 6.1　各变量说明和数据来源

变量	变量定义	数据来源
OFDI	对外直接投资	商务部对外直接投资统计公报
ores	自然资源	世界银行发展指标数据库
GDP	市场规模	世界银行发展指标数据库
rural	廉价劳动力	世界银行发展指标数据库
hightec	战略资产	世界银行发展指标数据库
institution	六大制度因素	WGI
finance	金融市场	世界银行发展指标数据库
internet	基础设施	世界银行发展指标数据库
trade	对外开放度	世界银行发展指标数据库
inflation	通货膨胀	世界银行发展指标数据库

表 6.2　各变量的描述性统计特征

变量	均值	标准差	最小值	最大值
lnOFDI	8.534455	2.816043	0	17.74718
lnGDP05	814.5546	490.873	1	1664
finance(p)	250.5475	295.155	1	902
rural	42.26923	24.16934	0	91.09
ores	549.9988	443.4372	1	1362
law	−0.01917	1.035614	−1.9557	2.1206

续表

变量	均值	标准差	最小值	最大值
inflation	488.1942	292.6012	1	1016
trade	823.3222	491.0918	1	1673
political	−0.13653	1.0114	−3.1848	1.6642
government	0.052032	1.031316	−1.8408	2.4297
regulation	0.024257	1.034955	−2.3447	2.2305
corruption	2.82E−05	1.055705	−1.8365	2.5527
voice	828.9231	480.722	1	1664
lninternet	6.82514	.6402419	0	7.134094
lnhightech	5.479248	1.79553	0	6.79794
finance(s)	4.780021	2.24639	0	6.447306
trade	823.3222	491.0918	1	1673

二、样本的选取

本书选取 2003—2014 年中国对全球 140 个国家和地区的投资作为样本,样本中包括亚洲、非洲、拉丁美洲、大洋洲、北美洲和南美洲的国家和地区。对于欠发达国家或地区、发达国家或地区、发展中国家或地区的划分,目前国际社会没有统一标准。本书依据世界银行发展指标数据库中的数据,将低收入国家或地区列为欠发达国家或地区、低中收入和中高收入以及部分高收入国家或地区列为发展中国家或地区,将高收入中的部分国家或地区列为发达国家或地区。分类后,欠发达国家或地区 23 个,发达国家或地区 23 个,发展中国家或地区 94 个。

第四节　模型设定和实证结果

一、模型的设定

$$\ln\text{OFDI} = \beta_0 + \beta_1 \ln\text{GDP}_{it} + \text{hightech}_{it} + \text{finance}_{it} + \text{rural}_{it} + \text{ores}_{it} + \text{institution}_{it} + \text{lnintrenet}_{it} + \text{inflation}_{it} + \text{trade}_{it} + \varepsilon_{it}$$

三个方程中的下标 t 代表时间，i 代表不同的国家或地区，ε_{it} 为随机扰动项。OFDI 表示中国对各国或者各地区的对外直接投资额（单位为万美元），取对数；GDP 表示东道国的市场规模，取对数；hightech 表示东道国的科技水平；finance 表示东道国的金融发展水平；rural 表示东道国的劳动力成本；ores 表示东道国的自然资源丰裕程度；institution 表示东道国的制度质量；internet 表示东道国的基础设施是否完善，取对数；inflation 表示东道国的通货膨胀率；trade 表示东道国的对外开放度。

与截面数据和时间序列数据相比，面板数据对于无法观测或测量的变量，可以更好地控制其对 OFDI 的影响，所以估计结果更为可靠。在处理面板数据时，通过进行豪斯曼检验，我们选定使用固定效应（FE）模型。本书使用 STATA 12.0 软件进行回归分析。

二、实证结果分析与解释

中国的对外直接投资不仅进入了发达国家或地区，也进入了发展中国家或地区。我们先对所有样本进行回归分析。

（一）全样本回归结果

表 6.4　中国 OFDI 全样本回归结果

变量	(1) lnOFDI	(2) lnOFDI	(3) lnOFDI	(4) lnOFDI	(5) lnOFDI	(6) lnOFDI
lnGDP05	0.0004*** (0.0001)	0.0004*** (0.0001)	0.0004*** (0.0001)	0.0004*** (0.0001)	0.0004*** (0.0001)	0.0004*** (0.0001)
lnhightech	0.0008*** (0.0002)	0.0008*** (0.0002)	0.0008*** (0.0002)	0.0008*** (0.0002)	0.0008*** (0.0002)	0.0008*** (0.0002)
finance	0.0001 (0.0003)	0.0001 (0.0003)	0.0001 (0.0003)	0.0001 (0.0003)	0.0001 (0.0003)	0.0001 (0.0003)
rural	0.6546*** (0.0306)	0.6600*** (0.0307)	0.6552*** (0.0307)	0.6554*** (0.0306)	0.6525*** (0.0306)	0.6577*** (0.0307)
ores	0.0004** (0.0002)	0.0004** (0.0002)	0.0004** (0.0002)	0.0004** (0.0002)	0.0005** (0.0002)	0.0005** (0.0002)
lninternet	0.4137*** (0.0480)	0.4075*** (0.0482)	0.4185*** (0.0480)	0.4215*** (0.0482)	0.4255*** (0.0480)	0.4203*** (0.0480)

续表

变量	(1) lnOFDI	(2) lnOFDI	(3) lnOFDI	(4) lnOFDI	(5) lnOFDI	(6) lnOFDI
inflation	-0.0003 (0.0002)	-0.0003 (0.0002)	-0.0003 (0.0002)	-0.0003 (0.0002)	-0.0003 (0.0002)	-0.0003 (0.0002)
trade	0.0002 (0.0001)	0.0002 (0.0001)	0.0002 (0.0001)	0.0002 (0.0001)	0.0002 (0.0001)	0.0002 (0.0001)
law	0.5043*					
political		0.2969** (0.1408)				
government			0.0142 (0.2735)			
regulation				-0.1722 (0.2656)		

续表

变量	(1) lnOFDI	(2) lnOFDI	(3) lnOFDI	(4) lnOFDI	(5) lnOFDI	(6) lnOFDI
corruption					-0.6701*** (0.2482)	
voice						0.0004 (0.0003)
_cons	34.1944*** (1.4308)	34.5064*** (1.4393)	34.1681*** (1.4343)	34.1490*** (1.4321)	33.9642** (1.4307)	33.9101*** (1.4402)
N	1704	1704	1704	1704	1704	1704
F检验	21.19	20.99	21.42	21.47	21.28	21.39
R^2	0.3595	0.3600	0.3582	0.3584	0.3612	0.3592
调整 R^2	0.2976	0.2982	0.2962	0.2964	0.2995	0.2973

注:*、**、***分别表示在10%、5%和1%的水平上显著,括号内为标准误。

　　表 6.4 为中国对外直接投资的全样本回归结果,从回归结果来看,GDP 在回归方程中在 1% 的显著性水平上显著为正,这一结论与之前所有关于 OFDI 的实证研究所得的结论一致。中国的对外直接投资具有市场寻求动机,中国的对外直接投资倾向于投向市场经济规模大的国家和地区。

　　中国的对外直接投资是否具有战略资产寻求动机和效率寻求动机,之前的研究对此结论不统一。在本书的研究中,hightech 在 6 个回归方程中在 1% 的显著性水平上显著为正,中国的对外直接投资具有战略资产寻求动机,中国的对外直接投资倾向于战略资产丰裕的国家和地区。rural 在在 6 个回归方程中在 1% 的显著性水平上显著为正,我国的对外直接投资具有效率寻求动机,中国的对外直接投资倾向于投向劳动力丰裕的国家和地区。

　　ores 在回归方程中在 5% 的显著性水平上显著为正,我国的对外直接投资具有自然资源寻求动机,中国的对外直接投资倾向于投向自然资源丰裕的国家和地区。finance 在 6 个回归方程中都不显著,寻求发达的金融市场环境动机不明显。

　　此外,控制变量中 internet 基础设施的符号显著为正,说明中国的对外直接投资倾向于投向基础设施完善的国家和地区。通胀率的符号为负,但不显著。制度的几个变量中,political 的符号显著为正,说明中国的对外直接投资倾向于投向政局稳定的国家和地区。corruption 的符号显著为负,中国的对外直接投资可能投向较腐败的国家和地区。其他的制度变量对中国对外直接投资的影响不显著。

　　由于发达国家或地区发展中国家或地区在经济、社会和法制等方面存在很大的差异,把所有的样本放在一起进行研究可能会出现偏误,因此,我们对样本进行了区分,分别为发达国家或地区样本群、发展中国家或地区样本群和欠发达国家或地区样本群。下面分别进行研究。

（二）发达国家或地区样本回归结果

表 6.5 为中国对发达国家或地区直接投资的回归结果。与全样本的回归结果不同,GDP 在 6 个回归方程中有的显著,有的不显著,这可能是因为中国在发达国家或地区市场上的对外直接投资可能不是以获取市场为目的。hightech 在 6 个回归方程中在 1‰ 的显著性水平上显著为正,说明中国在发达国家或地区的对外直接投资以寻求战略资产为动机。finance 在 6 个回归方程中在 1‰ 的显著性水平上显著为正,说明发达国家或地区发达的金融市场吸引了中国的对外直接投资,中国在发达国家或地区的对外直接投资具有寻求金融资本的动机。internet 在 6 个回归方程中在 1‰ 的显著性水平上显著为正,说明发达国家或地区的基础设施完善,吸引了我国的对外直接投资。inflation 在所有方程中的符号为负,说明中国对于高通胀率的发达国家或地区投资将减少。trade 的符号显著为正,说明开放度越高的国家或地区将吸引到更多的对外直接投资。制度性因素中,law 的符号显著为正,government 的符号显著为负,regulation 的符号显著为正,corruption 的符号显著为正,说明中国对发达国家或地区的投资倾向于法律和法规制度完善,腐败较少但监管体系不严格的国家或地区。

综上,中国对发达国家或地区的投资具有战略资产寻求动机、寻求完善的金融市场动机,而市场寻求动机不明显。

表 6.5 中国 OFDI 发达国家或地区样本回归结果

变量	(1) lnOFDI	(2) lnOFDI	(3) lnOFDI	(4) lnOFDI	(5) lnOFDI	(6) lnOFDI
lnGDP05	0.6114* (0.3674)	0.6053 (0.3695)	0.2187 (0.3700)	0.6282* (0.3666)	0.6601* (0.3677)	0.5909 (0.3703)
lnhightech	0.2778*** (0.0771)	0.3295*** (0.0738)	0.3013*** (0.0713)	0.3260*** (0.0730)	0.3315*** (0.0733)	0.3155*** (0.0738)
finance	0.3016*** (0.0954)	0.3026*** (0.0958)	0.2639*** (0.0932)	0.3014*** (0.0952)	0.3337*** (0.0970)	0.2913*** (0.0962)
lninternet	0.7404*** (0.2223)	0.6818*** (0.2217)	0.4893** (0.2196)	0.6915*** (0.2201)	0.7178*** (0.2211)	0.6540*** (0.2237)
inflation	−0.0043*** (0.0007)	−0.0041*** (0.0007)	−0.0034*** (0.0007)	−0.0045*** (0.0007)	−0.0044*** (0.0007)	−0.0040*** (0.0007)
trade	0.0041*** (0.0006)	0.0039*** (0.0006)	0.0038*** (0.0006)	0.0042*** (0.0006)	0.0039*** (0.0006)	0.0038*** (0.0006)

续表

变量	(1) lnOFDI	(2) lnOFDI	(3) lnOFDI	(4) lnOFDI	(5) lnOFDI	(6) lnOFDI
law	2.8597* (1.5467)					
political		−0.9067 (0.8449)				
government			−4.2135*** (0.9998)			
regulation				2.3422** (1.1167)		
corruption					1.6093* (0.8645)	
voice						−0.0034 (0.0030)

续表

变量	(1) lnOFDI	(2) lnOFDI	(3) lnOFDI	(4) lnOFDI	(5) lnOFDI	(6) lnOFDI
_cons	−3.0567 (3.8117)	2.9124 (2.8763)	11.9412*** (3.5493)	−1.6065 (3.1783)	−0.7807 (3.0671)	7.4241 (5.6379)
N	276	276	276	276	276	276
F 检验	17.30	15.93	19.20	16.63	17.20	17.22
R^2	0.3994	0.3939	0.4321	0.4018	0.3996	0.3942
调整 R^2	0.3286	0.3225	0.3651	0.3313	0.3288	0.3227

注：*、**、***分别表示在10%、5%和1%的水平上显著，括号内为标准误。

（三）发展中国家或地区样本回归结果

在第四章，我们分析了中国的人口结构趋于老龄化，考察了人口老龄化、劳动力成本上升是中国企业"走出去"的因素之一。因此，这一部分主要考察中国对发展中国家或地区的投资是否具有效率寻求动机，同时考察中国对发展中国家或地区的投资是否具有市场寻求动机和自然资源寻求动机。表 6.6 为中国对发展中国家或地区的对外直接投资实证结果。

GDP 在 6 个回归方程中显著为正，说明中国对发展中国家或地区的投资具有获取市场的动机。rural 在 6 个回归方程中在 1% 的显著性水平上显著为正，说明发展中国家或地区廉价的劳动力吸引了中国的对外直接投资。ores 在 6 个回归方程中基本上在 10% 的显著性水平上显著为正，说明发展中国家或地区丰富的资源吸引了中国的对外直接投资，中国在发展中国家或地区的对外直接投资具有寻求自然资源的动机。internet 在 6 个回归方程中在 1% 的显著性水平上显著为正，说明基础设施越是完善的国家或地区，越能吸引我国的对外直接投资。inflation 在所有方程中的符号为正，但不显著。trade 的符号在 6 个方程中基本显著为正，说明开放度越高的国家或地区将吸引到更多的对外直接投资。制度性因素中，political 的符号显著为正，government 的符号显著为正，corruption 的符号显著为负，说明中国对发展中国家或地区的投资倾向于政治稳定、监管体系不严格、腐败较多的国家或地区。

综上，中国对发展中国家或地区的投资具有明显的市场寻求动机、效率寻求动机和自然资源寻求动机。

表6.6　中国OFDI发展中国家或地区样本回归结果

变量	(1) lnOFDI	(2) lnOFDI	(3) lnOFDI	(4) lnOFDI	(5) lnOFDI	(6) lnOFDI
lnGDP05	0.1305***	0.1353***	0.1287***	0.1292***	0.1252***	0.1272***
	(0.0469)	(0.0469)	(0.0466)	(0.0469)	(0.0468)	(0.0469)
rural	0.5844***	0.5895***	0.5878***	0.5859***	0.5833***	0.5867***
	(0.0329)	(0.0329)	(0.0327)	(0.0329)	(0.0328)	(0.0329)
ores	0.0004*	0.0004*	0.0003	0.0004	0.0004*	0.0004*
	(0.0002)	(0.0002)	(0.0002)	(0.0002)	(0.0002)	(0.0002)
lninternet	0.3580***	0.3488***	0.3509***	0.3652***	0.3717***	0.3654***
	(0.0552)	(0.0554)	(0.0548)	(0.0553)	(0.0551)	(0.0550)
inflation	0.0001	0.0001	0.0001	0.0001	0.0001	0.0001
	(0.0002)	(0.0002)	(0.0002)	(0.0002)	(0.0002)	(0.0002)
trade	0.0002*	0.0003*	0.0002*	0.0002	0.0002	0.0002*
	(0.0001)	(0.0001)	(0.0001)	(0.0001)	(0.0001)	(0.0001)

续表

变量	(1) lnOFDI	(2) lnOFDI	(3) lnOFDI	(4) lnOFDI	(5) lnOFDI	(6) lnOFDI
law	0.3728 (0.3267)					
political		0.3277** (0.1576)				
government			−1.1092*** (0.3063)			
regulation				−0.1255 (0.2882)		
corruption					−0.6571** (0.2852)	
voice						0.0005* (0.0003)

续表

变量	(1) lnOFDI	(2) lnOFDI	(3) lnOFDI	(4) lnOFDI	(5) lnOFDI	(6) lnOFDI
_cons	31.3198***	31.6414***	31.5327***	31.2294***	30.9173***	30.8938***
	(1.4887)	(1.4971)	(1.4810)	(1.4889)	(1.4915)	(1.4989)
N	1128	1128	1128	1128	1128	1128
F检验	24.58	24.42	25.99	25.36	24.67	25.34
R^2	0.3448	0.3467	0.3522	0.3441	0.3473	0.3460
调整 R^2	0.2796	0.2817	0.2878	0.2788	0.2824	0.2810

注：*、**、***分别表示在10%、5%和1%的水平上显著，括号内为内标准误。

表 6.7　中国 OFDI 欠发达国家或地区样本回归结果

变量	(1) lnOFDI	(2) lnOFDI	(3) lnOFDI	(4) lnOFDI	(5) lnOFDI	(6) lnOFDI
lnGDP05	0.0941 (0.1170)	0.1265 (0.1166)	0.1590 (0.1178)	0.1252 (0.1183)	0.1461 (0.1170)	0.1154 (0.1166)
ores	0.0002 (0.0003)	0.0002 (0.0003)	0.0002 (0.0003)	0.0002 (0.0003)	0.0002 (0.0003)	0.0002 (0.0003)
lninternet	1.0867*** (0.0740)	1.0909*** (0.0744)	1.0839*** (0.0741)	1.0941*** (0.0754)	1.1038*** (0.0744)	1.0812*** (0.0754)
inflation	0.0003 (0.0003)	0.0003 (0.0003)	0.0003 (0.0003)	0.0003 (0.0003)	0.0003 (0.0003)	0.0003 (0.0003)
merchandi	−0.0005 (0.0004)	−0.0004 (0.0004)	−0.0004 (0.0004)	−0.0004 (0.0004)	−0.0004 (0.0004)	−0.0004 (0.0004)
law	0.9723* (0.5606)					

续表

变量	(1) lnOFDI	(2) lnOFDI	(3) lnOFDI	(4) lnOFDI	(5) lnOFDI	(6) lnOFDI
political		0.1415 (0.2518)				
government			-1.0007* (0.5964)			
regulation				-0.0630 (0.6268)		
corruption					-0.7713 (0.5182)	
voice						-0.0007 (0.0008)
_cons	3.7007*** (1.1598)	2.6027*** (0.9524)	1.2484 (1.1816)	2.4031* (1.2303)	1.5660 (1.1120)	2.9056*** (1.0429)

续表

变量	(1) lnOFDI	(2) lnOFDI	(3) lnOFDI	(4) lnOFDI	(5) lnOFDI	(6) lnOFDI
N	276	276	276	276	276	276
F 检验	11.02	10.80	11.03	10.72	10.96	10.79
R^2	0.4780	0.4723	0.4776	0.4717	0.4764	0.4733
调整 R^2	0.4188	0.4125	0.4184	0.4118	0.4170	0.4136

注:*、**、*** 分别表示在 10%、5%和 1%的水平上显著,括号内为标准误。

(四)欠发达国家或地区样本回归结果

表 6.7 为中国对欠发达国家或地区对外直接投资的实证结果,从回归结果来看,中国对欠发达国家或地区的投资市场寻求动机不明显,GDP 为正向关系但不显著,自然资源寻求动机也不明显。

本章小结

本章从东道国的角度对中国对外直接投资的区位战略选择决定因素进行分析。在邓宁投资理论的框架下,结合中国对外直接投资的现实状况,进行理论分析和假设,之后对理论进行实证验证。我们先对整理后的中国投资到全球 140 个国家和地区的全样本进行验证。由于发达国家或地区、发展中国家或地区在经济、社会和法制等方面存在很大的差异,把所有的样本放在一起进行研究可能会出现偏误,因此,我们对样本进行了区分,分别为发达国家或地区样本群、发展中国家或地区样本群和欠发达国家或地区样本群。对区分后的样本进行实证分析,中国对各类国家或地区的投资表现出了不同的动机寻求和不同的制度寻求。

全样本的实证结果得出,中国的对外直接投资受到东道国市场规模、战略资产、廉价的劳动力、自然资源等因素的影响,中国的对外直接投资倾向于投向具有较大的市场规模、劳动力、战略资产和自然资源丰裕的东道国,但东道国的金融市场环境对中国对外直接投资的影响不显著。从全样本的结果来看,中国的对外直接投资具有市场寻求动机、战略资产寻求动机、自然资源寻求动机和效率寻求动机,但寻求发达的金融市场的动机不明显,在制度上,中国的对外直接投资倾向于投向政局稳定但腐败的国家或地区。对发达国家的投资,受科技等战略资产和发达的金融市场因素的影响,中国对发达国家或地区的投资具有战略资产寻求动机、寻求完善的金融市场动机,而市场寻求动机不明显。中国对发达国家或地区的投资倾向于法律和法规制度完善,腐败较少但监管体系不严格的国家或地区。对发展中国家或地区的投资,受市场规模和低廉的劳动力因素的影响,中国对发展中国家或地区的投资具有明显的市场寻求动机、效率寻求动机和自然资源寻求动机。中国对发展中国家或地区的投资倾向于政治稳定、监管体系不严格、腐败较多的国家或地区。对欠发达国家或地区的投资,投资动机不明显。

第七章 研究的主要结论、政策建议与未来研究方向

第一节 研究的主要结论

中国政府提出"走出去"战略之后,中国的对外直接投资开始迅猛发展,2005年之后更是以"蛙跳式"的速度迅猛增长。中国对外直接投资的迅速发展不仅改变了世界各国的投资格局,同时作为最大的发展中国家,中国的对外直接投资也对现有投资理论提出了挑战。当前,我国存在着诸如地区间经济发展不平衡、产能过剩、人口结构趋于老龄化等问题和现象,同时企业在"走出去"的过程中也存在很多问题。因此,在我国对外直接投资突飞猛进的增长情况下,进一步研究中国对外直接投资的决定因素和区位战略选择具有重要的理论意义和现实意义。本书以中国对外直接投资的决定因素和区位选择决定因素为研究对象,在现有文献的基础上对影响中国对外直接投资的因素从制度、金融和人口结构等方面进行了研究,得出的主要结论是:

一、受制度影响,技术对中国的 OFDI 具有促进作用

自从 Peng 提出将制度纳入发展中国家对外直接投资的研究框架后,已有大量的文献从制度的角度探讨中国的对外

直接投资。本书继续从制度的角度进行探讨。现有的研究表明,与发达国家企业的 OFDI 行为相比,中国企业的对外直接投资并不具备 Hymer 和 Dunning 所认为的所有权优势(如技术、专利等)。然而,产权制度和政府的政策可能会通过影响企业的人才和技术等要素,进而对企业的所有权优势产生影响(Dunning;熊伟;阎大颖)。目前,鲜有文献将知识产权保护作为所有权优势(R&D)的调节变量进行分析。鉴于此,本书从知识产权保护的视角分析其对我国企业对外直接投资的影响,考察在产权制度的影响下,我国的技术是否对对外直接投资产生影响。

通过使用面板数据进行实证研究,本书发现:研发投入(R&D)对中国的 OFDI 影响不显著;引入知识产权保护和研发投入(R&D)的交互项后,研发投入对中国 OFDI 的影响显著。这是因为,根据制度经济学,企业所处的产权环境会影响其竞争优势,我国处于经济转轨时期,这一时期国家的执法力度远远落后于立法水平。虽然我国的立法已处于相对完善的阶段,但长期存在的知识产权侵权问题反映了我国的执法力度相对落后(王平,谭智,2012)。长期以来我国知识产权制度对技术的保护较为薄弱,根据 Maskus 和 Penubarti(1995)的研究,发展中国家的知识产权保护薄弱会加强该国企业的模仿行为,进而使企业间产生技术溢出,因此,我国目前的产权制度环境对我国的对外投资产生了影响。知识产权保护制度的不完善使得研发投入对 OFDI 有了显著的促进作用。

二、金融抑制促进了中国的对外直接投资

金融部门越是发达的国家,其经济增长越是快速;产业

层面和企业层面数据证明,金融对经济增长的影响机制是通过缓和外部金融对企业的约束以提高资本的分配(Levine,2005)。

在之前学者研究的基础上,针对中国对外直接投资的迅猛增长,结合金融对经济增长的影响以及金融对贸易的影响,本书推测:金融抑制可能是中国对外直接投资强劲增长的原因之一。我国的金融抑制政策使得资源配置到了制造业的出口贸易部门,虽然在这一政策下,我国积累了大量的贸易顺差,但是这以我国经济失衡和部门发展的不均衡为代价。此外,我国在积累了大量的外汇储备后,由于没有好的投资渠道,又以证券的形式回流到发达国家,以低息供国外的企业和消费者使用。金融抑制的存在使得我国的消费者存在流动性约束,引致消费力不足,因此,一部分资本通过对外直接投资的形式流到其他国家。通过实证验证,结果显示,我国的金融抑制政策对我国对外直接投资具有促进作用。

三、人口结构老龄化促进了中国的对外直接投资

步入 21 世纪后,中国的人口老龄化不断显现。到 2014 年年底,中国 60 岁以上的老年人口数量达到 2.12 亿人,成为世界上第一个老年人口破 2 亿的国家。中国人口老龄化不仅改变了劳动力的供给和需求总量,而且也改变了劳动力的供给和需求结构。当劳动力的成本上升时,社会会要求对人力资本的投资要有更高的回报,这势必要求劳动生产率具有较高的水平。而当劳动力成本上升,劳动生产率不能同时提高时,企业的生产成本增加,则企业有可能寻找劳动力成本更低的地区进行投资,这时中国企业对国外的对外直接投资

就有可能会发生。

人口结构对对外直接投资的影响：一方面，人口结构通过影响劳动力的供给进而影响对外直接投资；另一方面，人口结构通过影响经常账户进而影响对外直接投资。本书利用 30 个省、直辖市、自治区 2003 年到 2010 年的面板数据，对人口结构变化与对外直接投资的关系进行了实证检验。实证结果显示，老年抚养比与对外直接投资呈现显著的正相关关系，而少儿抚养比对中国对外直接投资的影响不显著。为了考察面板检验结果的可靠性，我们又使用 1990 年到 2013 年的时间序列数据对人口结构变化和对外直接投资的关系进行了稳健性检验，检验结果与面板数据一致。人口结构转变是引起我国对外直接投资的重要因素之一。

四、东道国发达的金融市场吸引了中国的 OFDI

邓宁认为，跨国公司的对外直接投资不外乎四种类型：自然资源寻求型、市场寻求型、战略资产寻求型和效率寻求型。之后，在分析发展中国家的对外直接投资时，学者们将制度因素也纳入对外直接投资的理论分析框架。在现有文献的基础上，本书继续探索决定中国对外直接投资区位战略选择的其他因素。

从中国对外直接投资母国角度的分析来看，国内的金融抑制促进了中国企业的对外直接投资，因此，我们考虑东道国国内的金融发展是否吸引了中国的对外直接投资，中国企业的 OFDI 是否集中于金融市场发达的国家。本书整理并且选取 2003—2014 年间中国对全球 140 个国家和地区对外直接投资的统计数据，通过理论分析，从东道国的角度验证东道国发达的金融市场是否决定了中国对外直接投资的区位战略选择。

全样本的实证结果得出,中国的对外直接投资受到东道国市场规模、战略资产、廉价的劳动力、自然资源等因素的影响,中国的对外直接投资倾向于投向具有较大的市场规模、劳动力、战略资产和自然资源丰裕的东道国,但东道国的金融市场环境对中国对外直接投资的影响不显著。由于发达国家和发展中国家在经济、社会和法制等方面存在很大的差异,把所有的样本放在一起进行研究可能会出现偏误,因此,根据世界银行的方法,按照人均收入,我们对样本进行了区分,分别为发达国家或地区样本群、发展中国家或地区样本群和欠发达国家或地区样本群。中国对发达国家或地区的投资,受科技等战略资产和发达的金融市场因素的影响;对发展中国家或地区的投资,受市场规模和低廉劳动力因素的影响;对欠发达国家或地区的投资,投资动机不明显。发达国家或地区的金融市场发育成熟,在区位战略选择上,中国的对外直接投资倾向于选择金融市场发达的国家或地区。

第二节　政策建议

本书的分析基于省级层面的数据和国家层面的数据,因此,政策建议主要针对地方政府和中央政府层面提出。根据中国对外直接投资的现状和存在的主要问题,以及现有的制度安排,结合本书从不同角度进行的实证分析所得出的结论,本书谨慎地提出如下政策建议:

(一)继续推进制度改革,提升监管质量

一个国家或者地区的监管质量越高,经济制度环境和政治制度环境越是完善,越可以为国内或者地区内的企业提供好的环境以经营业务。由此,企业会变得强大和具有竞争力,而这些品质是企业进行海外扩张的前提。我国政府应当继续加快推进市场化进程,推进制度改革,尤其是加强制度质量低的地区的制度建设,完善各地的法律制度环境和金融制度环境,培育良好的市场竞争环境,以提高企业的竞争力。各级政府逐步减少对市场的干预,使得不同地区企业能在公平的环境中竞争,使得真正有潜力的企业对外直接投资,提升中国在对外直接投资中的技术型投资比例。各级政府应一视同仁地对待不同类型的企业,建立良好的社会经济环境,使不同类型的企业能在公平的环境中竞争。通过建立完善的制度环境,各种经济制度、法律制度等逐步完善,为企业创新提供良好的环境,最终我国企业要"走出去"更多地依赖企业自身的强大。

(二)适度退出金融抑制政策

我国的金融抑制政策基本完成了一定时期国家设定的目标,但随着我国外汇储备的增多以及经济结构的失衡等,应当逐步对金融抑制进行改革。Mckinnon(1973)和 Shaw(1973)认为要改善一国的金融制度,最好逐步降低国家对金融市场的干预,逐步完善金融市场环境,让市场发挥作用。金融市场效率的发挥,有助于金融市场将资源配置到效率更高的企业,提升企业资金的使用效率,进而提高企业的生产率,这可以间接地纠正当前我国部门发展的不平衡,进而纠正经济结构的失衡。Helpman,Yeaple & Melitz(2004)研究认为,生产率高的企业进行对外直接投资,较低生产率的企业从事对外贸易,更低生产率的企业从事国内贸易或者退出市场。按照此理论,让生产效率更高的企业参与到对外直接投资中来,较之本书研究的金融抑制引起的对外直接投资,更有利于我国的经济活动更能健康发展。

(三)提升人口质量,引导 OFDI 的流向和流出产业

人口结构的变化导致中国的劳动力成本不断攀升,一方面,劳动力成本上升引起对劳动力成本敏感的外商直接投资行业撤出中国,另一方面,劳动力成本的上升也引起中国的企业向海外扩张寻求劳动力成本更低的投资目的地。对此我国政府应当合理地对对外直接投资进行管理,引导劳动密集型和产能过剩行业转移到国外生产,在转移的过程中,进行梯度转移,以防止资本的过快、过度外流。

面对人口红利的下降,中国的发展应该更多依赖知识技能型的人口。当前放开计划生育政策,虽然有可能缓解我国劳动人口数量的绝对下降,但不可否认的是,在我国人均资源缺乏、环境恶化的背景下,低生育可以使国家更好地开展素质教育,实现人力资本水平的提高。我国的产业结构不仅要升级,我国的人口质量也应当升级。

按照日本成功的发展经验,中国的对外直接投资更应该以吸收西方发达国家的知识和技术为目的,以进一步提升中国企业的国际竞争力。根据田中景和彭越(2009)的研究,日本对西欧的对外直接投资存在这样一种现象:西欧国家的人口越多,日本对该国的投资越少。这说明了日本对西欧的投资不是像在东亚地区一样为了获得廉价的劳动力,而是为了获得一定的技术。

面对劳动力成本上升,中国应当转移劳动密集型产业的对外直接投资,引导企业投资到劳动力成本低的国家。同

时,为了产业结构的升级转换,我国的对外直接投资也应当投资到知识、技术密集型的国家,而不仅仅是劳动力成本低的国家。人口是一个国家发展经济的根本,政府不但要管理社会人口的数量,更应当注重提高人口的质量,努力实现我国人力资本水平的提高,防止国内劳动力成本提升过快,避免过度的资本外移对我国经济造成不良影响。

第三节　未来研究方向

自提出"走出去"战略之后,中国的对外直接投资开始迅速发展。中国对外直接投资短时间内的迅猛增长,不仅是世界各国近年关注的热点问题,也是国内外学者近年探讨的重要议题之一。本书通过研究中国的对外直接投资,希望更好地推进中国的对外直接投资继续发展。中国作为世界最大的发展中国家,其在对外直接投资中表现出了区别于其他国家的特点,加之作为前沿问题,受限于篇幅以及数据获得性,本书还存有一些可以研究但没有深入研究和分析的问题。

第一,实证分析中,所使用的衡量中国制度的数据,是由中国经济改革研究基金会国民经济研究所编制的中国市场化进程指数,该数据截止到 2010 年。所使用的衡量中国金融抑制的数据,介于 1981 年和 2005 年之间。在未来的研究中,我国应编撰相关的衡量中国制度和金融抑制的数据,在此基础上进一步研究中国对外直接投资的影响因素。

第二,中国对外直接投资的主体以国有企业为主,在以后的研究中,从微观企业层面将投资主体区分为国有企业和私营企业,可使得研究结论更为精确和可靠,提出更加切实可行的政策建议。这一研究要顺利进行,需要详细的企业层面数据,因此需要商务部和统计部门等单位的支持。

第三,中国对外直接投资的行业主要集中在租赁和商务服务业、采矿业、金融业和批发零售业,在以后的研究中,我们要从产业层面研究中国对外直接投资的目的地,根据研究成果为我国政府在对外直接投资政策管理上提供经验支撑,使得我国的对外直接投资能健康顺利地继续进行。

第四,目前对于中国对外直接投资区位战略选择研究,可能是囿于样本的选择不同或者研究方法的不同,对于同一问题研究的结论还不一致,比如,对于中国的对外直接投资是否有效率寻求型或者战略资产寻求型。在以后的研究中,我们应运用更加精确的数据和更有效的研究方法,对中国的对外直接投资区位选择进行进一步的探讨。

第五,在现有研究的基础上,本书的研究主要是对中国对外直接投资理论研究和实证研究的补充。本书的研究主要从几种影响因素对中国对外直接投资和区位选择进行研究,这可能会导致研究的不全面,以后的研究应尽可能地构造研究中国对外直接投资系统性理论分析框架。

参考文献

1.陈岩,杨桓,张斌:《中国对外投资动因、制度调节与地区差异》,载《管理科学》第 3 期。

2.邓新明,许洋:《双边投资协定对中国对外直接投资的影响——基于制度环境门槛效应的分析》,载《世界经济研究》第 3 期。

3.樊纲,王小鲁,马光荣:《中国市场化进程对经济增长的贡献》,载《经济研究》第 9 期。

4.樊纲,王小鲁,朱恒鹏:《中国市场化指数:各地区市场化相对进程 2011 年报告》,经济科学出版社,2011 年版。

5.谷本正幸:《中国不再是日本对外直接投资首选地》,载《智库观察》第 2 期。

6.侯文平:《中国各地区对外直接投资差异的影响因素研究——基于省级面板数据的实证分析》,载《上海对外经贸大学学报》第 6 期。

7.蒋冠宏,蒋殿春:《中国对外投资的区位选择:基于投资引力模型的面板数据检验》,载《世界经济》第 9 期。

8.蒋冠宏:《制度差异、文化距离与中国企业对外直接投资风险》,载《世界经济研究》第 8 期。

9.江其务:《中国金融制度的改革回顾与创新思考》,载《当代经济科学》第 1 期。

    10.李琦,王为衡:《从我国人口决策历程和人口长期战略解读"单独两孩"政策》,载《福建论坛·人文社会科学版》第 1 期。

    11.罗伟,葛顺奇:《中国对外直接投资区位分布及其决定因素——基于水平型投资的研究》,载《经济学(季刊)》第 4 期。

    12.刘渝琳,刘铠豪:《人口结构与经常项目收支——来自中国省级面板数据的证据》,载《山西财经大学学报》第 3 期。

    13.马飒,黄建锋:《劳动力成本上升削弱了中国的引资优势吗——基于跨国面板数据的经验分析》,载《国际贸易问题》第 10 期。

    14.裴红卫:《中国金融制度的演进和制度变迁:一个长期视角》,载《中国经济史研究》第 1 期。

    15.祁毓,王学超:《东道国劳工标准会影响中国对外直接投资吗?》,载《财贸经济》第 4 期。

    16.仇娟东,何风隽,艾永梅:《金融抑制、金融约束、金融自由化与金融深化的互动关系探讨》,载《金融研究》第 6 期。

    17.宋维佳:《工资水平与外商直接投资区位变动研究》,载《财经问题研究》第 10 期。

    18.唐高平:《"温州炒房团"与我国金融制度变迁》,载《经济理论与经济管理》第 8 期。

    19.唐高平:《金融抑制下的"温州经济衰退"现象》,载《温州职业技术学院学报》第 1 期。

    20.唐高平:《温州民间借贷危机与中国金融制度变迁》,载《企业经济》第 6 期。

    21.李磊,郑昭阳:《议中国对外直接投资是否为资源寻求型》,载《国际贸易问题》第 2 期。

22.李优树,陈丹,向鹏达:《中国对外直接投资影响因素的理论分析与实证检验》,载《统计研究》第 2 期。

23.梁莹莹:《国对外直接投资决定因素与战略研究》,南开大学博士学位论文。

24.刘岩:《贸易流量引力模型的理论研究综述》,载《国际商务——对外经济贸易大学学报》第 3 期。

25.罗纳德·麦金农:《经济发展中的货币与资本》,上海三联书店、上海人民出版社 1997 年版。

26.乔晶,胡兵:《中国对外直接投资:过度抑或不足》,载《数量经济技术经济研究》第 7 期。

27.宋维佳,许宏伟:《对外直接投资区位选择影响因素研究》,载《财经问题研究》第 10 期。

28.王碧珺:《被误读的官方数据——揭示真实的中国对外直接投资模式》,载《国际经济评论》第 1 期。

29.王国婷,任荣明:《论中国在中亚地区直接投资的影响因素——基于经济与制度视角的综合研究》,载《科技管理研究》第 8 期。

30.温磊:《中国对外直接投资决定因素的实证研究》,载《山西大学学报》第 4 期。

31.项本武:《东道国特征与中国对外直接投资》,载《数量经济技术经济研究》第 7 期。

32.徐旸懋,姜建刚:《东道国制度视角下我国对外直接投资的决定因素》,载《上海经济研究》第 2 期。

33.史朝兴,顾海英:《贸易引力模型研究新进展及其在中国的应用》,载《财贸研究》第 3 期。

34.史朝兴,顾海英:《引力模型在国际贸易中应用的理论基础研究综述》,载《南开经济研究》第 3 期。

35.宋泽楠：《国别异质性、全球化进程与主流 FDI 理论的演化性改进》，载《现代经济探讨》第 4 期。

36.苏阳：《贸易引力模型的发展历程探讨》，载《中国外资》第 3 期。

37.王勋：《金融抑制与发展中国家对外直接投资》，载《国际经济评论》第 1 期。

38.肖文，周君芝：《国家特定优势下的中国 OFDI 区位选择偏好——基于企业投资动机和能力的实证检验》，载《浙江大学学报（人文社会科学版）》第 1 期。

39.谢杰，刘任余：《基于空间视角的中国对外直接投资的影响因素与贸易效应研究》，载《国际贸易问题》第 6 期。

40.阎大颖，洪俊杰，任兵：《中国企业对外直接投资的决定因素：基于制度视角的经验分析》，载《南开经济评论》第 6 期。

41.阎大颖：《中国企业对外直接投资的区位选择及其决定因素》，载《国际贸易问题》第 7 期。

42.阎建东：《邓宁国际生产折衷理论述评》，载《南开经济评论》第 1 期。

43.姚枝仲，李众敏：《中国对外直接投资政策的演变历程》，载《国际经济评论》第 2 期。

44.岳咬兴，范涛：《制度环境与中国对亚洲直接投资区位分布》，载《财贸经济》第 6 期。

45.余官胜，林俐：《企业海外集群与新晋企业对外直接投资区位选择——基于浙江省微观企业数据》，载《地理研究》第 2 期。

46.余官胜，杨文：《中国企业对外直接投资的国内决定因素——基于投资规模的实证研究》，载《经济经纬》第 4 期。

47.于超，葛和平，曹家和：《中国对外直接投资决定因素的理论分析与实证检验》,载《学术论坛》第 6 期。

48.赵蓓文:《经济全球化新形势下中国企业对外直接投资的区位选择》,载《世界经济研究》第 6 期。

49.张宏,王建:《东道国区位因素与中国 OFDI 关系研究》,载《中国工业经济》第 6 期。

50.张慧,黄建忠:《中国对外直接投资区位理论研究综述》,载《首都经贸大学学报》第 4 期。

51.张建红,周朝鸿:《中国企业走出去的制度障碍研究——以海外收购为例》,载《经济研究》第 6 期。

52.张震,张卫国:《中国金融制度转型中的创新主体研究》,载《财贸经济》第 2 期。

53.郑展鹏,刘海云:《体制因素对我国对外直接投资影响的实证研究》,载《经济学家》第 6 期。

54.周晨光:《金融抑制与中国经常项目顺差》,安礼伟副教授,南京大学硕士学位论文。

55.朱道才,吴信国,郑杰:《经济研究中引力模型的应用综述》,载《云南财经大学学报》第 5 期。

56.Abiad,A.,Detragiache,E. and Tressel,T.,2008. A New Database of Financial Reforms,IMF Working Paper WP/08/266.

57.Alon,T. M.,2010. Institutional analysis and the determinants of Chinese FDI. Multinational Business Review,18(3):1—24.

58. Amighini,A.,Cozza,C.,Rabellotti,R. & Sanfilippo. M. 2014. Investigating Chinese outward foreign direct investments:How can firm-level data help? China & World Economy,22(6):44—63.

59.A. M. Rugman，1981.Inside the Multinationals：The Economics of Internal Markets，Columbia University Press.

60.Anderson，J. E.，1979.A Theoretical Foundation of the Gravity Model，American Economic Review，69（1）：106－116.

61. Anderson，James E.，Eric Van Wincoop，2003. Gravity with Gravitas：A Solution to the Border Puzzle，American Economic Review，93(1)：170－192.

62.Anderson，James E.，Eric Van Wincoop，2004. Trade Costs，Journal of Economic Literature，42(3)：691－751.

63.Anderson，J. E.，Yoto V. Yotov，2012.Gold Standard Gravity，NBER Working Paper.

64. Asiedu，E.，2006. Foreign direct investment in Africa：The Role of Natural Resources，Market Size，Government Policy，Institutions and Political Instability，World Economy，29(1)：63－77.

65. Berning，S. C.，& Holtbrügge，D. 2012. Chinese outward foreign direct investment-a challenge for traditional internationalization theories? Journal für Betriebswirtschaft，62(3－4)：169－224.

66.Blomkvist，K.，& Drogendijk，R. 2013. The impact of psychic distance on Chinese outward foreign direct investments. Management International Review，53（5）：659－686.

67.Buckley，P. J.，Clegg，L. J.，Cross，A. R.，Liu，X.，Voss，H.，and Zheng，P.，2007，The Determinants of Chinese Outward Foreign Direct Investment，Journal of

International Business Studies，38(4):499—518.

68.Buckley，P. J.，Cross，A. R.，Tan，H.，Xin，L.，&
Voss，H. 2008. Historic and emergent trends in Chinese
outward direct investment. Management International
Review，48(6): 715—748.

69.Caves，R. E.，1971. International Corporations: the
Industrial Economies of Foreign Investment，Economies，
1—27.

70. Chaney，Thomas，2008. Distorted Gravity: The
Intensive and Extensive Margins of International Trade，
American Economic Review，98(4).

71.Cheung，Y. W.，& Qian，X. W.，2009.Empirics of
China's Outward Direct Investment，Pacific Economic
Review，Vol. 14，No.3，pp.312—341.

72.Cheng，L. K. & Ma，Z.，2008. China's outward
foreign direct investment，Paper presented at the Indian
Statistical Institute，12 December.

73. Child，J.，& Marinova，S. 2014. The role of
contextual combinations in the globalization of Chinese firms.
Management and Organization Review，10(3): 347—371.

74.Chong Li，Haiyue Liu，Ying Jiang，2015.Exchange
Rate Risk，Political Environment and Chinese Outward FDI
in Emerging Economies: A Panel Data Analysis，Economics
World，Vol. 3，No. 5—6，145—155.

75.Cui,L.，& Jiang，F. 2012. State ownership effect on
firms' FDI ownership decisions under institutional pressure:
A study of Chinese outward-investing firms. Journal of

International Business Studies，43(3)：264—284.

76. Dennis Novy.，2010. International Trade and Monopolistic Competition without CES ： Estimating Translog Gravity，Unpublished manuscript，Warwick Univ.

77.Cui，L.，Li，Y.，Meyer，K. E.，& Li，Z. J.. 2014. Leadership experience meets ownership structure：Returnee managers and internationalization of emerging economy firms. Management International Review，advance online publication，September 4，2014. DOI：10.1007/s11575—014—0221—8.

78.Cui，L.，Meyer，K. E.，& Hu，H. W. 2014. What drives firms' intent to seek strategic assets by foreign direct investment? A study of emerging economy firms. Journal of World Business,49(4)：488—501.

79. Drogendijk，R.，& Martín，O. 2014. Relevant dimensions and contextual weights of distance in international business decisions：Evidence from Spanish and Chinese outward FDI. International Business Review，advance online publication，July 29，2014. DOI：dx. doi. org/10. 1016/j. ibusrev.2014.07.003.

80. Du，M.，& Boateng，A. 2014. State ownership，institutional effects and value creation in cross-border mergers & acquisitions by Chinese firms. International Business Review，advance online publication，October 30，2014. DOI：doi：10.1016/j.ibusrev.2014.10.002.

81.Dunning，J. H. 1977. Trade，location of economic activity and the MNE：A search for an eclectic approach. In

B. Ohlin，P. O. Hesselborn & P. M. Wijkman（Eds），The international allocation of economic activity，London：Macmillan.

82.Dunning，J. H，1979. Explaining changing pattern of international production：in defense of eclectic theory. Oxford Bulletin of Economics and Statistics，41：269—296.

83. Dunning，J. H. 1981. Explaining the international direct investment position of countries：Toward a dynamic and development approach. Weltwirtschaftliches Archiv，117/5：30—64.

84. Dunning，J. H. 1986. The investment development cycle revisited. Weltwirtschaftliches Archiv，122：667—677.

85. Dunning，J. H. 1988. The eclectic paradigm of international production：a restatement and some possible extensions，Journal of International Business Studies，19：1—31.

86. Dunning，J. H. 1993. Multinational enterprises and the global economy. Wokingham：Addison-Wesley.

87.Dunning，J. H.，& Narula，R. 1996.The investment development path revisited：some emerging issues. In Dunning，J. & Narula R.（Eds.），Foreign direct investment and government，London：Routledge.

88.Dunning,J. H.，1998.Location and the multinational enterprises：A neglected factor，Journal of International Business Studies,29：45—67.

89.Dunning，J. H.，2000. The eclectic paradigm as an envelope for economic and business theories of MNE activity.

International Business Review，9：163－190．

90.Dunning，J.，Kim，C.，& Lin，J.，2001.Incorporating trade into the investment development path：A case study of Korea and Taiwan，Oxford Development Studies，29（2）：145－154．

91. Deng，P.，2004. Outward investment by Chinese MNCs：Motivations and implications，Business Horizons，47 （3）：8－16．

92. Deng，P.，2009. Why Do Chinese Firms Tend to Acquire Strategic Assets in International Expansion? Journal of World Business．

93. Eaton，Jonathan，Samuel Kortum.，2002. Technology，Geography，and Trade，Econometrica，70(5) ．

94. Faeth，I. 2009. Determinants of foreign direct investment-a tale of nine theoretical models. Journal of Economic Surveys，23 (1)：165－196．

95. Fan，D.，& Zhu，C. J. 2014. How do Chinese multinationals perceive factors affecting the integration-responsiveness framework? International Journal of Emerging Markets，9(2)：181－204．

96.Fan，D.，Zhu，C. J.，& Nyland，C. 2012. Factors affecting global integration of Chinese multinationals in Australia：A qualitative analysis. International Business Review，21(1)：13－26．

97. Feenstra，Robert.，2004. Advanced International Trade. Princeton University Press．

98. Friedman，Joseph.，1992. What Attracts Foreign

Multinational Corporations? Evidence from Branch Plant Location in the U.S., Journal of Regional Science, 32(4): 403—412.

99. Hajzler, C., 2014. Resource-based FDI and Expropriation in Developing Economies, Journal of International Economics, 92(1).

100.Helpman, E.,R. Krugman., 1985.Market Structure and Foreign Trade. The MIT Press.

101. Helpman, E., M. Melitz, Y. Rubinstein, 2008, Estimating Trade Flows: Trading Patterns and Trading Volumes. Quarterly Journal of Economics,123 (2).

102.Helpman, E., Melitz, M. J., Yeaple, S. R., 2004. Export versus FDI with heterogeneous firms, American Economic Review, 300—316.

103.Helpman E,Melitz M J, Yeaple S R.,2004.Export versus FDI with heterogeneous firms, American economic review, 300—316.

104.Helpman, E., Melitz, M. J., Yeaple, S. R., 2004. Export versus FDI with heterogeneous firms, American Economic Review, 300—316.

105. Huang, X., & Renyong, C. 2014.Chinese private firms' outward foreign direct investment: Does firm ownership and size matter? Thunderbird International Business Review, 56(5): 393—406.

106. Hubert, F. & Pain, N. 2002. Fiscal incentives, European integration and the location of foreign direct investment. NIESR Discussion Paper 195. London: National

Institute of Economic and Social Research.

107. Hymer S. 1976. The international operations of national firms: A study of direct foreign investment. Cambridge,MA: MIT press.

108. Hymer S H. 1967. The International Operations of National Firms: A Study of Direct Foreign Investment. Cambridge : MIT Press.

109. Jürgens, U., & Rehbehn R. 2006. China's changing role in industrial value chain and rever berations on industrial actors in Germany. In S. Söderman （Ed）, Emerging Multiplicity: Integrated and Responsiveness in Asian Business Development. Basingstoke: Palgrave MacMillan.

110. Kolstad, I., & Wiig, A. 2012. What determines Chinese outward FDI? Journal of World Business, 47(1): 26—34.

111. Kojima K. 1978, Direct foreign investment: A Japanese model of multinational business operations. London:Croom Helm.

112. Kogut, B., Chang, S. J. 1991. Technological Capabilities and Japanese Foreign Direct Investment in the United States. The Review of Economics and Statistics, 73 (3):401—413.

113. Krugman, Paul. 1980, Scale Economies, Product Differentiation, and the Pattern of Trade. American Economic Review,70 (5).

114. Kuada, J., & Sorensen, O. J. 2000. Internationalization of companies from developing countries.

Binghampton：International Business Press.

115.Lipsey，R. E. 2004. Home-and host-country effects of foreign direct investment. In R. E. Baldwin & A. Winters (Eds)，Challenges to Globalization. Chicago：University of Chicago Press.

116. Liu，X.，Buck，T.，& Shu C. 2005. Chinese economic development，the nextstage：outward FDI? International Business Review，14(1)：97—115.

117. Liu，X.，Lu，J.，& Chizema，A. 2014. Top executive compensation，regional institutions and Chinese OFDI. Journal of World Business，49(1)：143—155.

118.Luo，Y.，Xue Q.，& Han B. 2010. How emerging market governments promote outward FDI：Experience from China. Journal of World Business，45(1)：68—79.

119. Melitz M J. 2003. The impact of trade on intra-industry reallocations and aggregate industry productivity[J]. Econometrica,71(6)：1695—1725.

120. Maskus，K and M. Penubarti.，1995. How Trade-Related are Intellectual Property Rights Journal of International Economics，39，Issues(3/4)：227—248.

121.Melitz，Marc J.，2003.The Impact of Trade on Intra-industry Reallocations and Aggregate Industry Productivity. Econometrica,,71 (6).

122. Meyer，K. E.，Estrin，S.，Bhaumik，S. K.，& Peng，M. W. 2009. Institutions，Resources，and Entry Strategies in Emerging Economies. Strategic Management Journal，(30)：61—80.

123. Modigliani，F.，& Cao，S. L. 2004. The Chinese savings puzzle and the life-cycle hypothesis. Journal of Economic Literature，XLII：145—170.

124. Morck，R.，Yeung，B.，& Zhao，M. 2008. Perspectives on China's Outward Foreign Direct Investment . Journal of International Business Studies，(39)：337—350.

125. Nolan，P. 2001. China and the Global Economy. Basingstoke：Palgrave.

126. Ozawa Terutomo. 1992. Foreign direct investment and economic development. Transnational Corporation.

127. Tan，H.，& Mathews，J. A. 2014. Accelerated internationalization and resource leverage strategizing：The case ofChinese wind turbine manufacturers. Journal of World Business，advance online publication，June 11，2014. DOI：dx.doi.org/10.1016/j.jwb.2014.05.005.

128. Tinbergen，J. 1962. Shaping the World Economy：Suggestions for an International Economic Policy. New York：The Twentieth Century Fund.

129. Peng M. W.，Wang D. Y. L.，Jiang Y.，2008. An Institution-based View of International Business Strategy：A Focus on Emerging Economies. Journal of International Business Studies，39(5)：920—936.

130. Svetličič，M. 2003. Theoretical context of outward foreign direct investment from transition economies. In Svetli čič M. and Rojec M. (Eds.)，Facilitating transition by internationalization：Outward direct investment from european economies in transition，Al-dershot：Ashgate.

131. Tanaka K., & Molnar, M. 2008. What is different about informal finance? Financing of private firms in China. Revue économique, 59(6): 1131—1143.

132. Tolentino, P. E. 2010. Home country macroeconomic factors and outward FDI of China and India. Journal of International Management, 16 (2): 102—120.

133. Wang, C., Hong, J., Kafouros, M., & Boateng, A. 2012. What drives outward FDI of Chinese firms? Testing the explanatory power of three theoretical frameworks. International Business Review, 21(3): 425—438.

134. Wang, Y., & Yao, Y. 2003. Sources of China's economic growth 1952—1999: Incorporating human capital accumulation. China Economic Review, 14: 32—52.

135. Wei, W. X., & Alon, I. 2010. Chinese outward direct investment: a study on macroeconomic determinants. International Journal of Business and Emerging Markets, 2 (4): 352—368.

136. Wei, T., Clegg, J., & Ma, L. 2014. The conscious and unconscious facilitating role of the Chinese government in shaping the internationalization of Chinese MNCs. International Business Review, advance online publication, September 8, 2014. DOI: dx.doi.org/10.1016/j.ibusrev.2014.08.008.

137. Xiaoxi Zhang, Kevin Daly. 2011. The determinants of China's outward foreign direct investment, Emerging Markets Review, (12): 389—398.

138. You, K., & Sarantis, N. 2012. Structural breaks

and the equilibrium real effective exchange rate of China: A NATREX approach. China Economic Review, 23(4): 1146 —1163.

139. Wells, L.T.,1983. Third World Multinationals: The Rise of Foreign Direct Investment from Developing Countries, Cambridge, Mass: MIT Press.

140. Vemon R. 1966. International investment and international trade in the product cycle.

141. Zhang, L. 2004. The roles of corporatization and stock market listing in reforming China's state industry. World Development, 32(12): 2031—2047.

142. Zhang, J., Alon,I., & Chen, Y. 2014. Does Chinese investment affect Sub-Saharan African growth? International Journal of Emerging Markets, 9(2): 257—275.

143. Zhu, S., & Pickles, J. 2011. Go up; go west; go out: China's new economic strategies in apparel industry. Working Paper for the Capturing the Gains research project, Brooks.

144. Zhou, N., & Guillén, M. F. 2014. From home country to home base: A dynamic approach to the liability of foreignness. Strategic Management Journal, advance online publication, April 1, 2014. DOI: 10.1002/smj.2242.